5分間でやる気脳に

このドリルは、子どもたちが興味を示しそうな内容を、短い文章にしてのせています。

読解学習の基礎・基本を、細かいステップで組み立ててあり、順を追って無理なく学習できます。

短い文章と問いを、ていねいにくり返し読み取ることで、読解力がつくようにしてあります。

子どもが1ページやり終えるごとに、しっかりほめてください。

脳からドーパミン（脳のホルモン）が出て、「やる気が育つ」ことが科学的に確認されています。

「ドリルをする」

←

「ほめる」

←

「ドーパミンが出る」

←

「やる気が育つ」

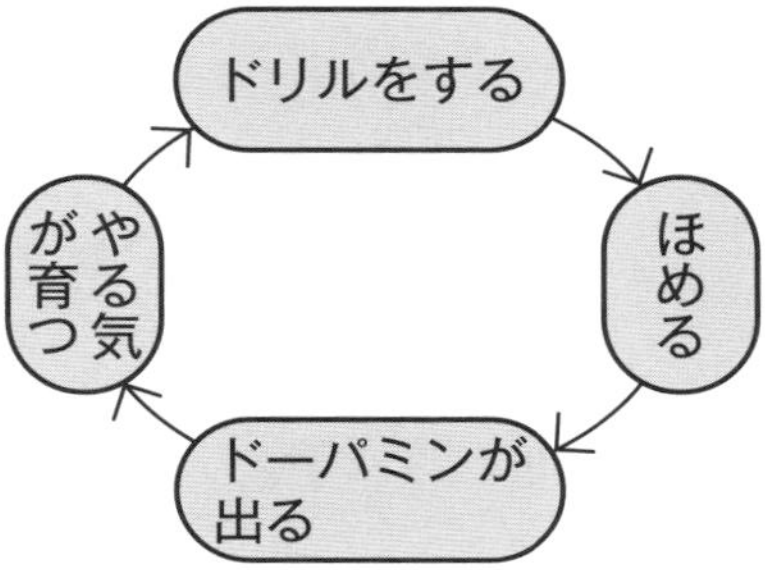

この循環で、子どもの脳はきたえられ、かくなっていきます。

うなるように工夫して、このドリルをつ

ました。

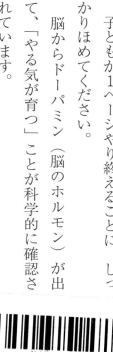

5分間読解ドリルの特色

●1日5分、集中しよう

子どもたちが興味を示しそうな短い文で設問が少なく、短時間で取り組めます。

●毎日続けよう

家庭学習の習慣が身につきます。

●まるつけも　かんたん

答えはうらのページにのせています。つまった問題は、解答を見て再度挑戦してください。

解説やイラストつき

問題に出てきたことがらがよくわかるように、解説やイラストをつけました。また、楽しく取り組める問題ものせています。

目　次

タイトル	学習日	いろぬりチェック		
		もうすこし	できた	よくできた
理由を読み取る				
㉕ 大昔のひらがな見つかる	／			
㉖ 北山村 トントン飛び出し 和歌山県	／			
㉗ 昔の人は何を食べていたのだろう	／			
㉘ 塩を食べる象	／			
㉙ どうしておもちはふくらむの？	／			
㉚ 飯豊山 ちょこっと飛び出し福島県	／			
㉛ 東京スカイツリー	／			
要点を読み取る				
㉜ 石から作られる紙	／			
㉝ 自然界のリサイクル	／			
㉞ 森林資げんの手入れ	／			
㉟ 「江戸っ子1号」深海8000メートルの世界へ	／			
㊱ 震災(しんさい)の町を守る木	／			
主張を読み取る				
㊲ 今も生きる鉄腕アトム	／			
㊳ アンパンマンはどうして生まれたか	／			
㊴ マララさんがうったえるもの	／			
㊵ いのちを守る「森の防ちょうてい」	／			
㊶ マンデラさんの にじの考え方	／			
総合問題				
㊷ 日本で最も美しい あふれでるダム	／			
㊸ カニカニ合戦	／			
㊹ 日食のいろいろ	／			
㊺ かおりで助け合うトマト	／			
㊻ 伝統ある「車田(くるまだ)」	／			
㊼ 近代製鉄は釜石市(かまいしし)から	／			
㊽ カドミウム汚染(おせん)農地が復元	／			
㊾ 注文の多い料理店①	／			
㊿ 注文の多い料理店②	／			

川の名前が上流と下流でちがうところ

日本で一番長い川は、信濃川《しなのがわ》で全長三百六十七キロメートルあります。その上流は長野県で、そこから新潟県へと流れていきます。

川の名前は長野県までは千曲川《ちくまがわ》で、下流の新潟県からは㋐信濃川と変わります。

「信濃《しなの》（長野県の昔の国名）から流れてくる川」ということなのでしょうか。

また、近畿地方《きんきちほう》を流れる㋑紀の川《きのかわ》は、上流の奈良県（吉野地区《よしのちく》）では吉野川で、下流の和歌山県（紀伊国《きいのくに》）からは紀の川と変わります。

このように、上流と下流でちがう名前になる川が他にもあるか、地図でさがしてみてください。

---

1 信濃川の上流は、何県ですか。（10点）

〔　　　　〕県

2 信濃川は、1からどの県を流れていますか。（10点）

〔　　　　〕県

3 ㋐の名前の由来は、何でしょうか（10点）

「〔　　　　〕（昔の国名）から流れてくる川」

4 ㋐㋑の川の上流の名前は何ですか。（10点）

㋐〔　　　　〕

㋑〔　　　　〕

〈河川《かせん》の名前のつけ方〉

川の名前は、げん流から流れるとちゅうに、いろんな川が合流してきます。そのたびに、名前が変わります。そのとき、その川の下流（河口《かこう》）の名前が、川の名前になります。

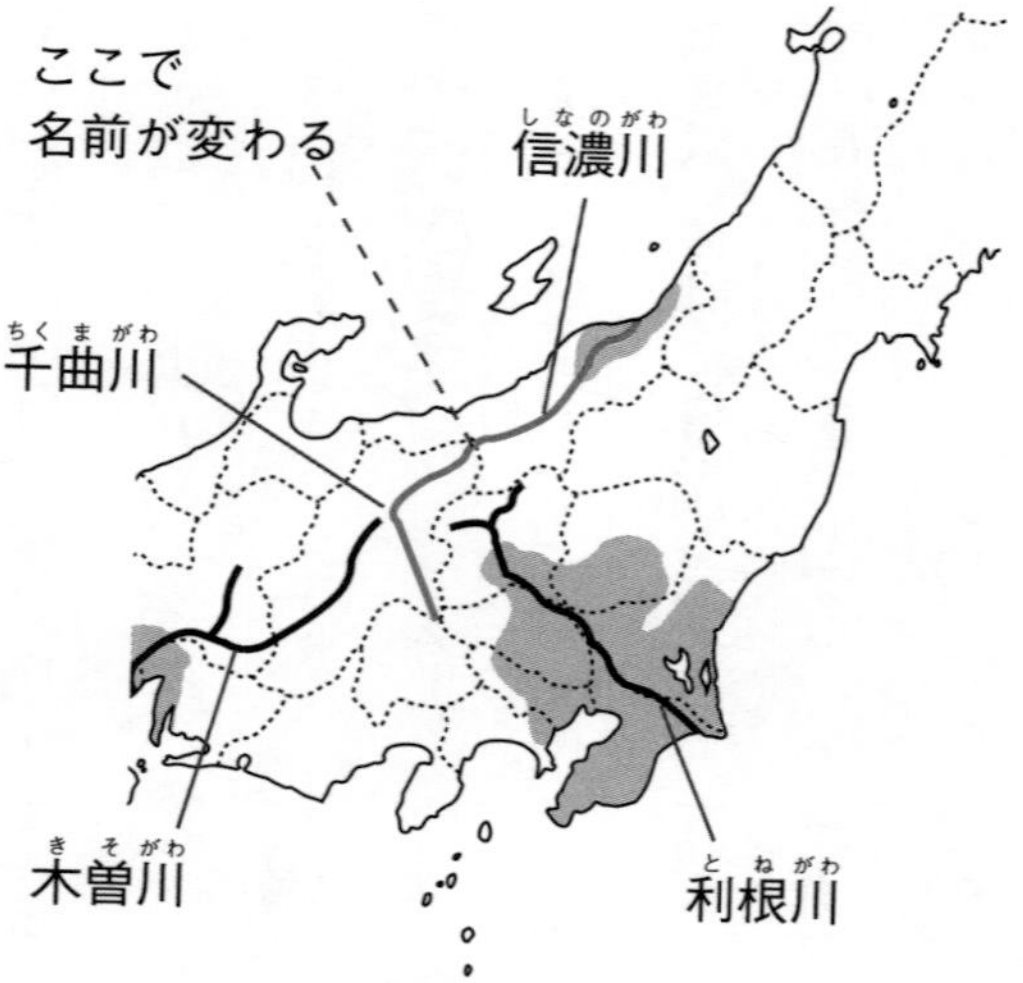

信濃川の全長=信濃川（153km）+千曲川（214km）
=367km

こたえ

1 長野

2 新潟

3 信濃

4 ① 千曲川（ちくまがわ）
② 吉野川（よしのがわ）

②

主語・述語を読み取る

2000キロも飛ぶ「わたり」チョウ

日本にいるチョウで、アサギマダラだけが、ア「わたり」をする。九州から北海道まで二千キロメートルも飛んでいくのだ。

羽は、ステンドグラスのように美しく、広げると十センチほどある。しかし、体の重さは十数グラムほどだ。

この小さな体で羽を動かし続けたら、すぐにつかれてしまうだろう。では、どうやって飛び続けているのか。

それは、風にうまく乗って、かっ空する イ「エコ飛行」をしているようだ。

また、「波の上でうかんでいて、一気に飛び上がるところ」を漁師《りょうし》さんが目げきしていることから、海の上で休んでいるのかもしれない。

---

1 アのチョウの名前は、何ですか。(10点)

〔　　　　〕

2 1のチョウは、どこをどれぐらい飛びますか。(10点)

① どこ

〔　　　　〕から〔　　　　〕

② どれぐらい

〔　　　　〕キロメートル

3 イとは、何ですか。(20点)

① 〔　　　　〕にうまく乗る。

⇐

② 〔　　　　〕する。

〈アサギマダラ〉

日本でこのチョウだけが、わたり鳥ではなく、「わたりチョウ」なのです。

① 名前の由来

羽の色があさぎ色（うすい青色）をしていて、それがまだら（あちこち）にあるからです。

② わたりをする理由

暑さ、寒さが苦手で、それらからのがれるために北へ南へと飛びます。

こたえ

1 アサギマダラ

2 ① 九州 北海道（順不同）

② 二千

3 ① 風

② かっ空

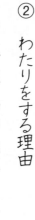

発芽には温度が必要

月　日

点/40点

植物を早く発芽させるためには、あたたかい温度にするといいが、昼はあたたかく、夜は冷えるという温度変化が、さらに大事である。

というのは、地表面は、昼は太陽の光によって温められるが、夜は冷えるという温度変化が大きい。しかし、地中が深くなると、温度変化が無くなってくる。

だから、温度変化が無いことは、タネは地中深くうめられたことになる。そんなところで発芽したら、タネの中にある養分だけでは地表面までのびられずに、生きられないのだ。

---

1 植物を早く発芽させるために、何が必要ですか。（10点）

温度

2 植物にとって大事なことは何ですか。（10点）

3 温度変化は、地表面と深い地中ではどのようにちがいますか。（10点）

① 地表面……温度変化〔　　〕

② 深い地中…温度変化〔　　〕

4 3の②にうめられたタネは、どうなりますか。（10点）

地表面まで〔　　〕。

タネをたてに切ったところ

カキ

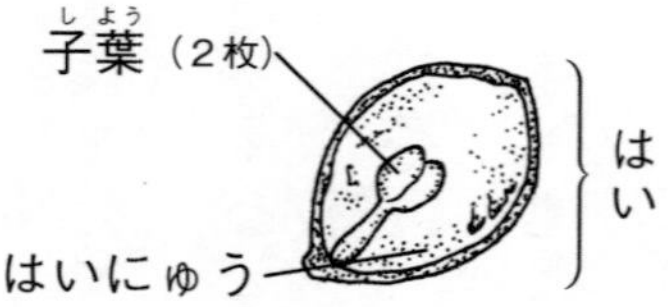

インゲンマメ

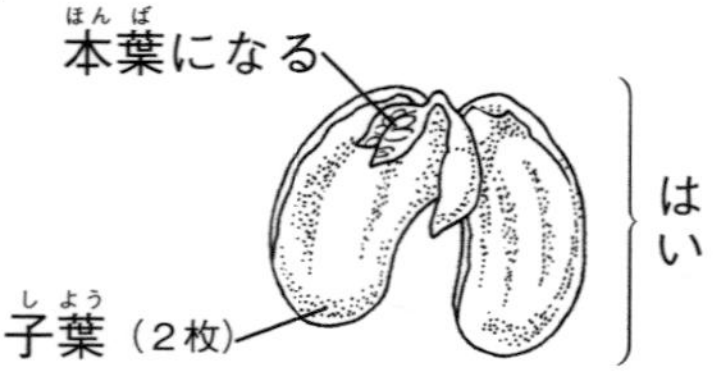

〈成長の５条件《じょうけん》〉

〈タネの発芽３条件〉

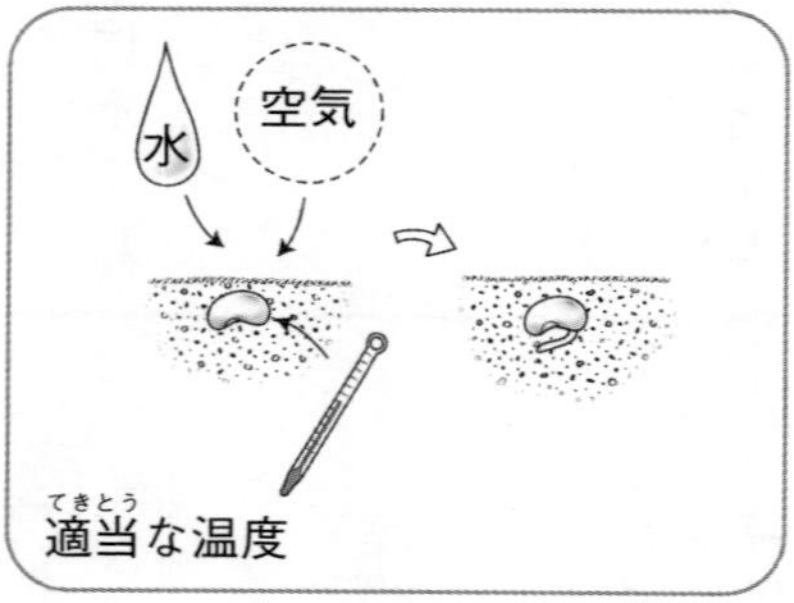

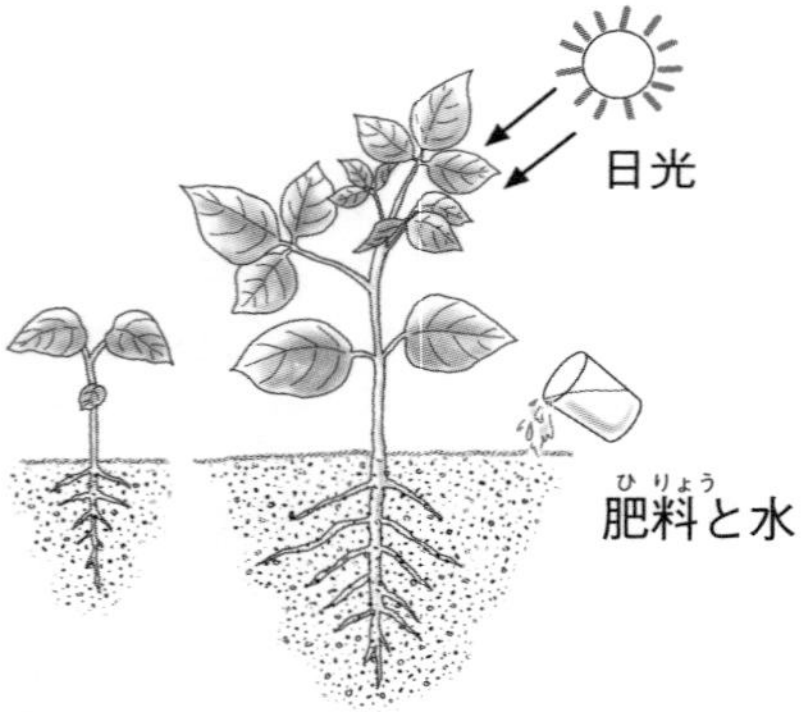

こたえ

1 あたたかい

2 温度変化

3 ① 大きい

② 無い

4 のびられない

4 主語・述語を読み取る
三日ぼうずにならないために

一年の計は元旦《がんたん》にありと、目標をたてるのはいいのですが、ときには、それが三日ぼうずに終わったことはありませんか。

そうならないために「心」と「脳《のう》」の関係を知ることが㋐大事です。

脳は急な変化を受け入れられないので、いきなり高い目標を設定《せってい》しないことです。というのも、㋑一度自分ができないと思うと、それが脳全体に広がって、自分を守るために、できない理由をさがし始めるからです。

ですから、自分のできそうな目標を一つずつ着実にやりとげて、自信をつけていくと、㋒三日ぼうずにならないのです。

---

1 ㋐は、何が大事なのですか。（10点）

2 急な変化を受け入れられないのは、何ですか。（10点）

3 ㋑になると、2は、どうしますか。（10点）

4 ㋒にならないために、どうしたらいいのですか。（10点）

できることからしよう

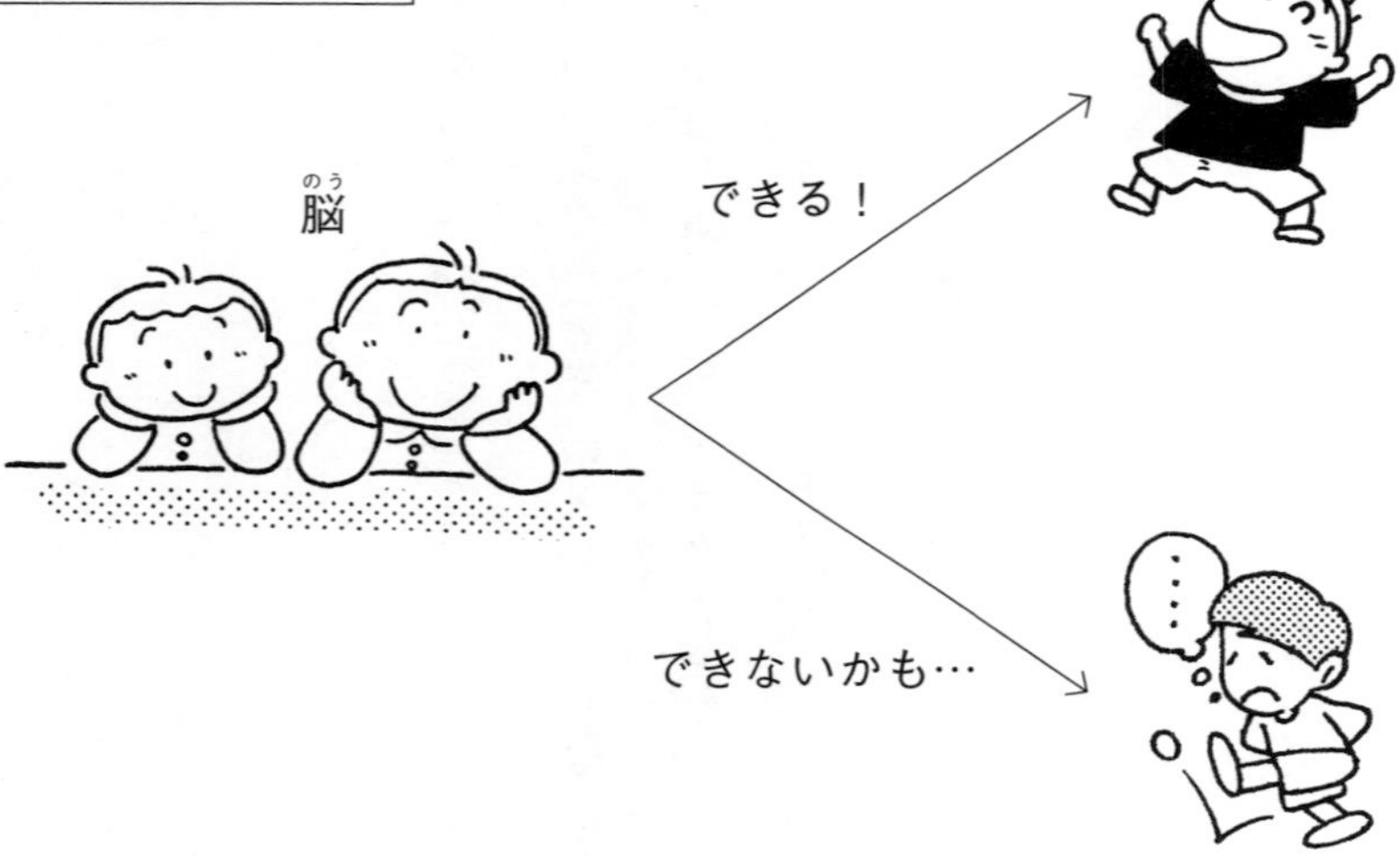

こたえ

1 心と脳（のう）の関係を知る

2 脳（のう）

3 （自分を守るために）
できない理由をさがし始める

4 自分のできそうな目標を一つずつ着実にやりとげて、自信をつける

5 主語・述語を読み取る

七か月連続で飛行するわたり鳥

月　日

点/40点

研究者の間で、以前からアマツバメ科の鳥の中に、はんしょく期以外は飛び続けている鳥がいると、いわれていた。

そこで、スイスにはんしょく地があるシロハラアマツバメに、指先にのるほどの機械をつけて行動を調べた。すると、七か月後にもどってきた。スイスと、越《えっ》冬《とう》地《ち》の西アフリカをノンストップで往《おう》復《ふく》していたのだ。

飛び続けながら、空中にただよう小さなこん虫を食べ、夜も羽ばたきとかっ空をくり返していたとみられる。イルカもねながら泳ぐように、この鳥も「いねむり飛行」をしているのかもしれない。

---

1 七か月間も飛び続ける鳥は、何ですか。（10点）

〔　　　　〕

2 この鳥は、どこからどこを往復していますか。（10点）

〔　　　　〕から〔　　　　〕

3 どうして、この鳥は長く飛び続けられると考えられますか。（20点）

① 空中の小さなこん虫を〔　　　　〕。

② 〔　　　　〕飛行をする。

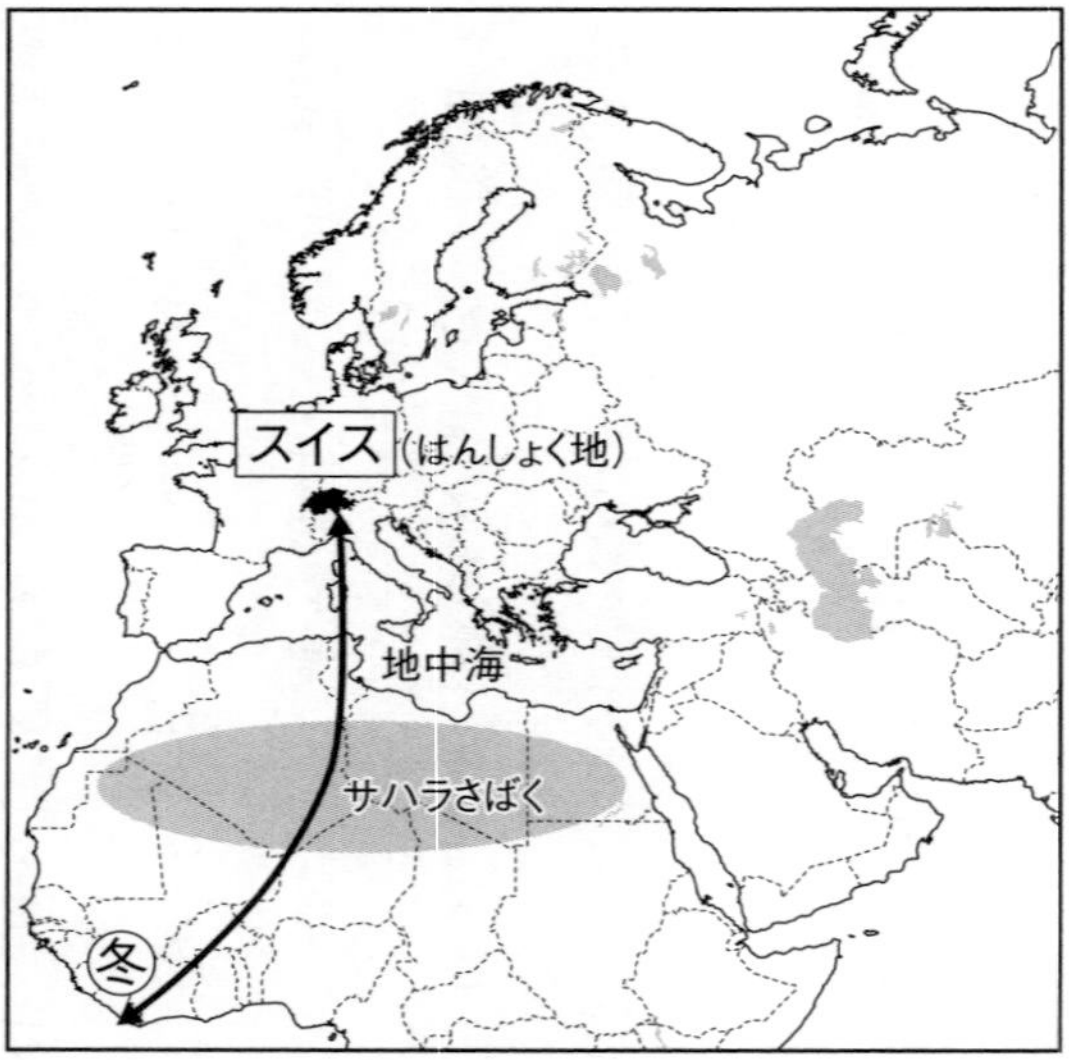

シロハラアマツバメの移動《いどう》

シロハラアマツバメ

体長　約22cm　体重　約100g

調査《ちょうさ》では、スイスと西アフリカを約七か月間、飛び続けた。

こたえ

1 シロハラアマツバメ

2 スイス　西アフリカ

3 ① 食べる　② いねむり

修しょく語を読み取る

トンボの羽から風力発電

月　日

点/40点

ネコのしたをヒントに、ゴミを少なくするそうじ機が作られました。

このような技術《ぎじゅつ》を「ネイチャー・テクノロジー」といいます。

最近は、㋐その技術で製品《せいひん》だけでなくエネルギーも作ろうとしています。

たとえば、㋑トンボの羽をまねた風力発電。トンボの羽の表面にあるでこぼこが、わずかな風でもうずを作ります。それが、風を後ろに送るはたらきをします。

トンボの羽をまねたプロペラを風力発電に使うと、これまでより多く回転し、多く発電できるといわれています。

実用化すると、地球にやさしい、持続《じぞく》可能《かのう》なエネルギーを作ることができます。

---

1 ㋐の指す言葉を書きましょう。（10点）

［　　　　］

2 ㋑のどんなはたらきが、ありますか。（20点）

トンボの羽の表面にある［　　　］が、［　　　］風でも［　　　］を作り、風を［　　　］はたらき。

3 1で、何を作ろうとしていますか。（10点）

［　　　　］

〈トンボの羽の仕組み〉

この風力発電のすごさは、わずかな風で回転するだけでなくて、台風なみのとても強い風でも羽の部分が折れ曲がって、風を受け流せるのです。

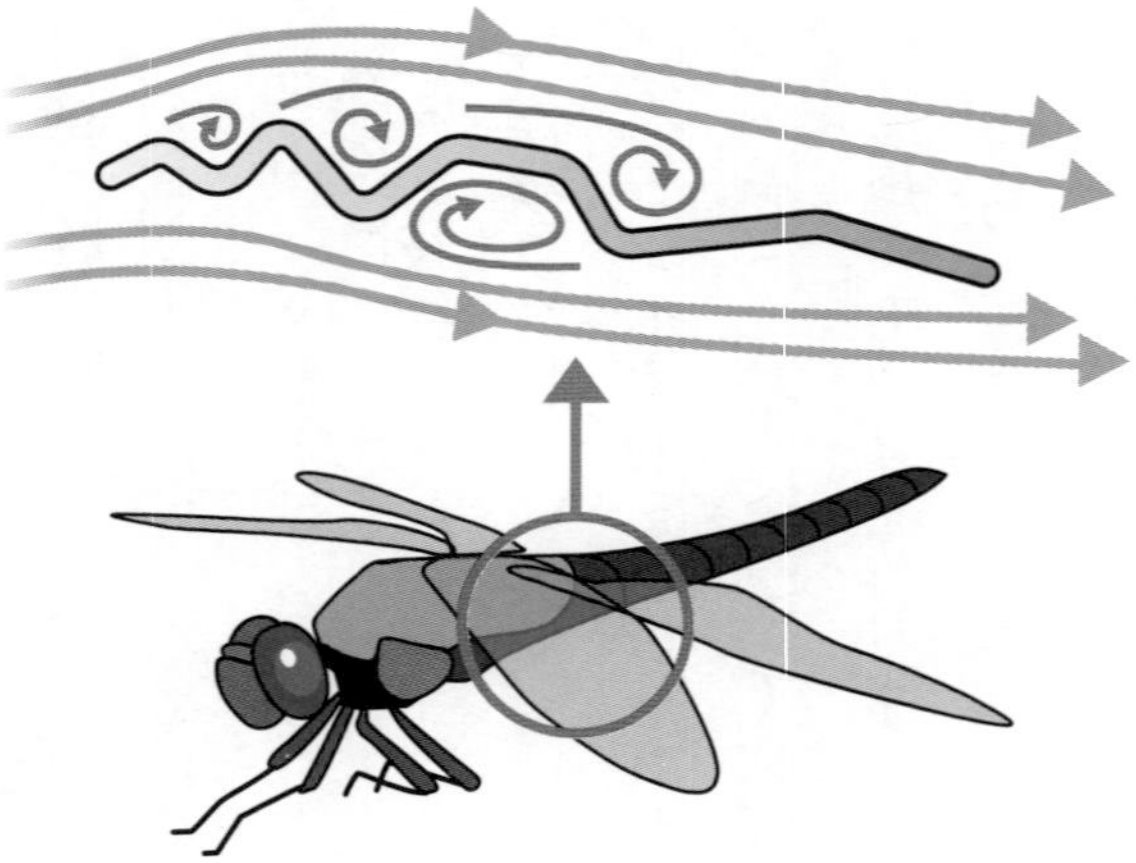

こたえ

1 ネイチャー・テクノロジー

2 でこぼこ
わずかな
うず
後ろに送る

3 持続可能なエネルギー

福島県のオリジナル米「天のつぶ」「里山のつぶ」

月　日

点/40点

二〇一一年の東日本大震災《だいしんさい》で、福島県のお米は、つ波による塩害や、原子力発電所の事故《じこ》による風評《ふうひょう》ひ害を㋐受けました。

それに立ち向かおうと、県オリジナルのお米が開発されました。

一つは「天のつぶ」。これは味もよく、イネがまっすぐ生えることから㋑「復興《ふっこう》のシンボル」として開発されました。

そして、もう一つは㋒「里山のつぶ」。これは標高の高い里山でも、おいしいお米を作ってほしいという願いがこめられています。

このような取り組みから、福島県では震災後、「安全」で「おいしい」お米がたくさん作られています。

1 ㋐とは、何ですか。二つ書きましょう。（10点）

・つ波による〔　　　　〕

・原子力発電所の事故による〔　　　　〕

2 ㋑は、何というお米ですか。（10点）

〔　　　　〕

3 ㋒は、どんなところで作れますか。（10点）

〔　　　　〕里山

4 どんなお米が作られていますか。（10点）

〔　　　　〕で〔　　　　〕お米

〈福島のオリジナル米〉

①「天のつぶ」

（東日本大震災《だいしんさい》の復興《ふっこう》のシンボルに）

ほが出るときに、イネが天に向かってまっすぐのびるように。

天のめぐみを受けて一つぶ一つぶのお米が豊《ゆた》かに実るように。

②「里山のつぶ」

（参考品種だが、特A）

「天のつぶ」が平地でさいばいされているので、標高が三百メートルのすずしい里山でもさいばいされてほしいと。

こたえ

1 塩害
風評ひ害

2 天のつぶ

3 標高の高い

4 安全
おいしい

修しょく語を読み取る

8 ひ災地のひがたからエールを送るカニ

月　日

点/40点

ひがたには、川から運ばれてきた栄養分がたまり、それを食べる貝やカニなどがくらしている。さらに、㋐それらを食べるわたり鳥がやってくる、多くの生き物にとって大切な場所だ。

東日本大震災《だいしんさい》で、仙台《せんだい》にあるひがたもつ波におそわれ、大きくせばまった。そこにすむ小さな生き物たちもひとたまりもなかったにちがいない。しかし、震災から二年目の夏に、多くの生き物を見つけることができた。中でも、体長一センチほどのチゴガニは、巣あなから出てくると、小さな体全部を使ってハサミをふり上げる。そのようすは、まるで「がんばれ、がんばれ」とエールを送っているようにも見える。

---

1 ひがたは、どんなところですか。（15点）

［　　　　　　］ところ

2 ㋐には、どんな生き物がいますか。（15点）

［　　　］［　　　］
［　　　］

3 ひがたからエールを送るカニは、何ガニで、どんなエールですか。（10点）

① カニ［　　　］
② どんな［　　　］

チゴガニのエール

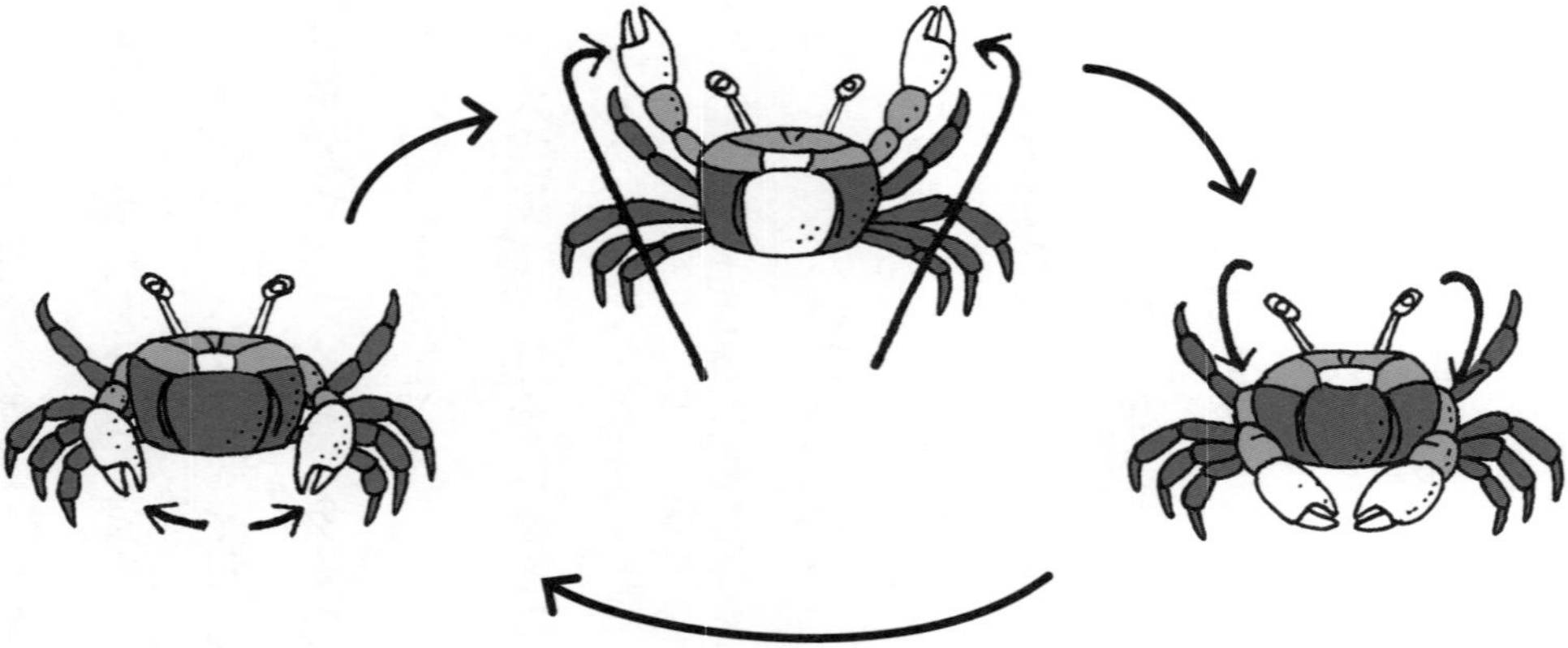

こたえ

1 川から運ばれてきた栄養分がたまる

2 貝　カニ　わたり鳥

3 ① チゴガニ　② がんばれ、がんばれ

熱帯雨林の減少とボルネオゾウ

月　日

点/40点

熱帯雨林の減少《げんしょう》は、二〇〇頭以下に数が減《へ》ったボルネオゾウにも、えいきょうをあたえている。

このゾウは、川岸を移《い》動《どう》しながらくらしている。だから、川岸からはば五〇メートルの場所を自然のまま残せば、アブラヤシ農園に入って食いあらして、㋐殺《ころ》されることもない。

しかし、お金のことがゆう先され、野生動物の保護《ほご》は後回しにされ、その間にも次つぎと殺されていく。

そこで、ゾウを救《すく》おうとゾウのレスキューセンターが、日本からの寄付《きふ》で建てられた。だけど、これでボルネオゾウのききが解決《かいけつ》されたわけではない。

---

1 熱帯雨林の減少は、何にえいきょうをあたえていますか。（10点）

［　　　　　］

2 1を守るためには、どうしたらいいですか。（10点）

［　　］からはば［　　］メートルの場所を、［　　　　］残す。

3 ㋐どうして殺されるのですか。（10点）

［　　　　　］

4 1を救うために何が作られましたか。（10点）

ゾウの［　　　　　］

熱帯雨林の減少《げんしょう》は、そこに生きる生き物にもえいきょうしています。

こたえ

1 ボルネオゾウ

2 川岸、五〇、自然のまま

3 アブラヤシ農園に入って、食いあらすから

4 レスキューセンター

雪わたり

月　日

点/40点

㋐雪がすっかりこおって大理石よりもかたくなり、㋑空も冷たいなめらかな青い石の板でできているらしいのです。

「かた雪かんこ、しみ雪しんこ。」

㋒お日様が、真っ白に燃《も》えてユリのにおいをまき散らし、また雪をギラギラ照らしました。

㋓木なんか、みんなザラメをかけたように、しもでピカピカしています。

「かた雪かんこ、しみ雪しんこ。」

四郎《しろう》とかん子とは、小さな雪ぐつをはいてキックキックキック、野原に出ました。

Ⓐこんなおもしろい日が、またとあるでしょうか。いつもは歩けないきびの畑の中でも、すすきでいっぱいだった野原の上でも、好きな方へどこまででも行けるのです。

宮沢賢治

---

1 文中の㋐～㋓の言葉は、どのように表現《ひょうげん》されていますか。（20点）

㋐ 〔　　　〕よりもかたい

㋑ 青い〔　　　〕

㋒ 〔　　　〕のにおい

㋓ 〔　　　〕をかけたよう

2 四郎とかん子が、くり返し言っている言葉を書きましょう。（5点）

〔　　　〕

3 Ⓐの理由を書きましょう。（15点）

〔　　　〕

〈このお話のあらすじ〉

「かた雪かんこ、しみ雪しんこ」

雪がすっかりこおった夜、四郎《しろう》とかん子が小さな雪ぐつをはいて、歌いながら歩いていると、森の中から子ぎつねが出てきて、いっしょに歌を歌います。

四郎とかん子は、子ぎつねと友だちになり、幻燈会《げんとうかい》にしょうたいされます。

月のきれいな夜、森の中で、いよいよ幻燈会が始まります。

こたえ

1 ㋐ 大理石
㋑ 石の板
㋒ ユリ
㋓ ザラメ

2 かた雪かんこ　しみ雪しんこ

3 好きな方へどこまでも行けるから。

一房の葡萄（ひとふさのぶどう）

月　日　　点/40点

　ぼくは、小さいときに絵をかくことが好きでした。ぼくの通っていた学校は、横浜《よこはま》の山の手という所にありましたが、そこいらは西洋人ばかり住んでいる町で、ぼくの学校も教師《きょうし》は西洋人ばかりでした。

　そして、その学校の行き帰りには、いつでもホテルや、西洋人の会社などがならんでいる㋐海岸の通りを通るのでした。

　通りの海ぞいに立って見ると、真っ青な海の上に軍かんだの商船だのが一ぱいならんでいて、えんとつからけむりの出ているのや帆柱《ほばしら》から帆柱へ万国旗をかけわたしたのやらがあって、目がいたいようにきれいでした。

有島武郎

---

1 ぼくの小さいときは、何が好きでしたか。（10点）

〔　　　　〕

2 ぼくの通っていた学校は、どこにありましたか。（10点）

〔　　　　〕

3 ㋐には、どんな建て物がならんでいましたか。（10点）

〔　　　　〕〔　　　　〕

4 ㋐の海ぞいに立つと、どのくらいきれいでしたか。（10点）

□□□□□ようにきれい

〈慣用句①〉

次の①～⑥は、体の部分を使った慣用句《かんようく》です。□に合う言葉を絵から選んで書きましょう。

① □がぼうになるまで、歩き回った。

② 年末は、□が回るほどいそがしい。

③ あまりにも高く、□が出ない。

④ 兄は、何にでも□をつっこみたがる。

⑤ 百点とって□が高い。

⑥ □がかたい人は、信用される。

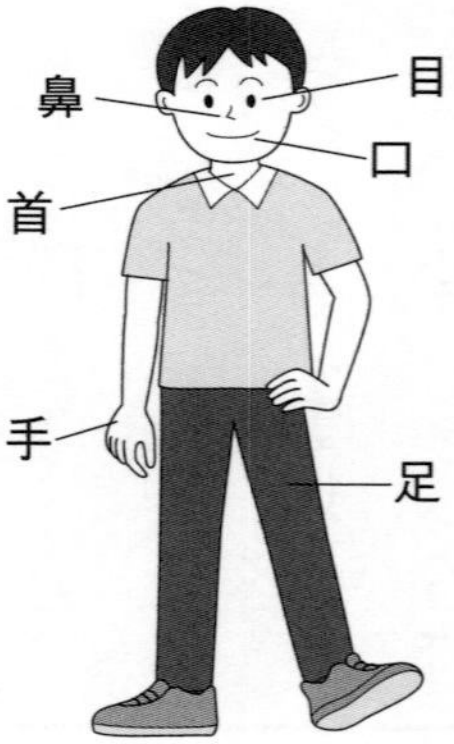

こたえ

1 絵をかくこと

2 横浜（よこはま）の山の手

3 ホテル
西洋人の会社

4 目がいたい

（答え）
①—足 ②—目 ③—手
④—首 ⑤—鼻 ⑥—口

和食の基本「だし」

月　日　点/40点

日本の和食が、無形文化遺産《いさん》にみとめられた。㋐その基本《きほん》は、だし。㋑それは、日本独自《どくじ》の食文化だ。

コンブを水につけて、だしを取って料理すると、だしの香りと、うま味が出てくる。このうま味は、㋒世界ではなかなかみとめてもらえなかった。それが、百年ほど前に、今までの基本の味、「酸味《さんみ》・あま味・塩味・苦味」に追加された。

そのうま味を引き出す代表四素材《そざい》は、コンブ・かつお節・ニボシ・ほしシイタケである。㋓これらは、野菜や海そうなどを食べやすくするために、だしの力で味付けしている。

命を持っているものをいただくわけだから、全てをいかし切るようになっている。

1 ㋐と㋑の指す言葉を書きましょう。（10点）

㋐

㋑

2 ㋒は、何ですか。（10点）

3 ㋓は何ですか。（10点）

4 3は、何を食べやすく味付けしていますか。（10点）

など

〈うま味を引き出す四素材《そざい》〉

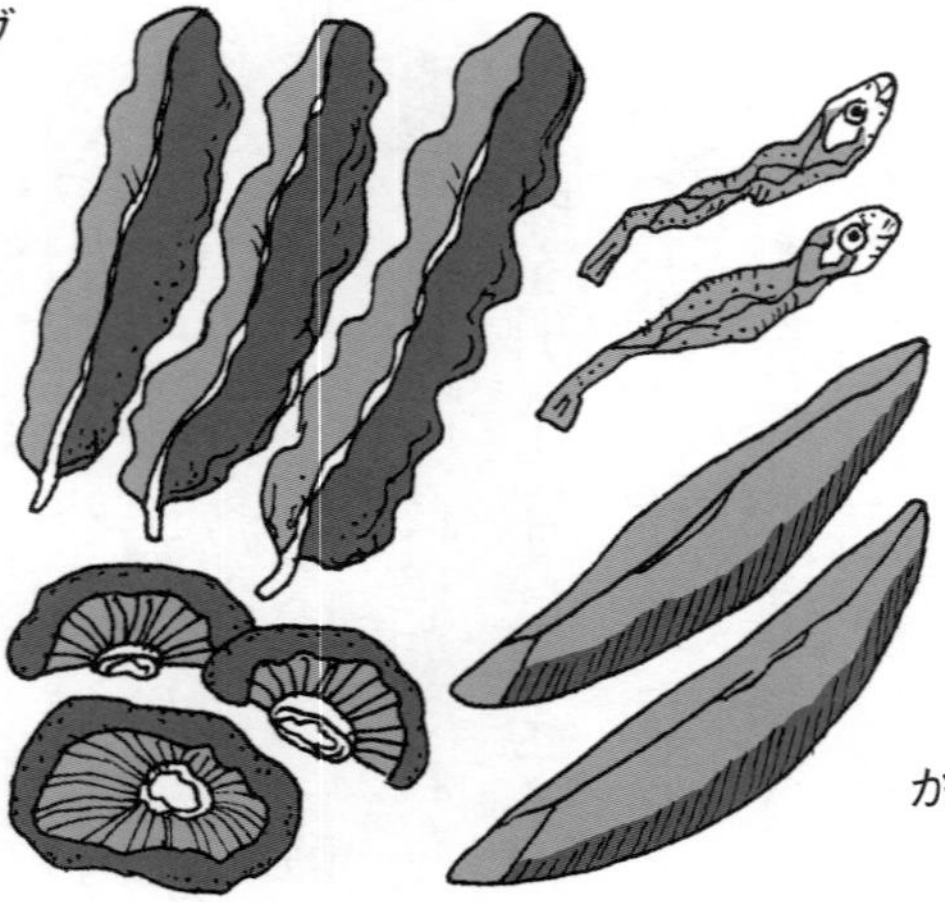

こたえ

1 ㋐和食 ㋑だし
2 うま味
3 コンブ
かつお節
ニボシ
ほしシイタケ （順番は自由）
4 野菜、海そう

三陸海岸でのワカメ養しょく

三陸海岸《さんりくかいがん》（青森県・岩手県・宮城県）の沖は、栄養たっぷりの親潮《おやしお》とあたたかい黒潮《くろしお》がぶつかる世界有数の漁場です。

また、㋐この海岸は、リアス海岸といって、入り江《いえ》がノコギリのはのように複雑《ふくざつ》に入り組んでいます。波が低く風もおだやかで、水深が深いため、古くから漁場や㋑養しょく場として活用されてきました。

そこで、地元の漁師《りょうし》さんたちはワカメの養しょくにも取り組みました。数かずの失敗をくり返して、とうとう一九五七年に成功します。

㋒この取り組みが三陸地いきに広まり、宮城県と岩手県は全国の約七十パーセントものワカメを生産するようになっています。

1　㋐は、何といいますか。（10点）

［　　　　］海岸

2　㋑は、なぜですか。（15点）

・波が［　　　　］
・風が［　　　　］
・水深が［　　　　］

3　㋒は、どんな取り組みですか。（5点）

［　　　　］

4　全国の七十パーセントを生産しているのはどこですか。（10点）

［　　　　］県
［　　　　］県

ワカメ養しょくの仕方

① 親ワカメを一度、海水から引きあげ、むしろをかけて置いておく。その後、海水（十四～二十度）の入った水そうにもどす。

② ワカメから取り出したタネを、糸に付着させる。

③ タネを付けた糸を養しょくロープにつけて海に入れる。

こたえ

1 三陸

2 低い
おだやか
深い

3 ワカメの養しょく

4 宮城（県）
岩手（県）

洋上風力発電によせる期待

月　日

点/40点

㋐世界のエネルギー事情《じじょう》は、風力発電などの「自然エネルギー」に変わりつつある。

では、日本ではどうだろうか。

二〇二〇年では、自然エネルギーはエネルギー全体の十九パーセントほどしかない。風力発電に関してはわずか〇・八パーセントほどしかない。

そこで、周りが海に囲《かこ》まれている日本では、㋑その特長をいかして、洋上風力発電の開発に期待が寄《よ》せられている。

㋒この発電がうまくいくと、二〇五〇年には、自然エネルギーの割合《わりあい》を全体の五、六十パーセントにすることが可能《かのう》になるそうだ。

---

1 ㋐は、何に変わりつつありますか。（10点）

〔　　　　〕

2 日本の風力発電の割合はどれぐらいですか。（10点）

〔　　　　〕パーセントほど

3 ㋑は、何を指していますか。（10点）

〔　　　　〕

4 ㋒は、何ですか。（10点）

〔　　　　〕

排他的経済水域《はいたてきけいざいすいいき》

領土《りょうど》の海岸線から二百海里（約三百七十キロメートル）

天然資《てんねんし》げん開発や魚をとるけん利がみとめられる。

こたえ

1 自然エネルギー

2 〇・八

3 周りが海に囲まれている

4 洋上風力発電

皮ふにとける糸

月　日　　点／40点

最近では、手術《しゅじゅつ》のときに皮ふにとける糸を使うようになってきた。

（Ⓐ）、㋐その糸は何で作られているのだろう。それは、にゅう酸《さん》。体にもともとある物で、ヨーグルトにも入っているにゅう酸きんから作られる。これをくさりのようにどんどんつなげていって糸にする。

それでは、なぜ㋑この糸がとけるのか。それは、ぬい合わせると体内にある水分と反応《はんのう》してくさりが少しずつ切れて、バラバラになって体内にきゅうしゅうされるからだ。

（Ⓑ）、これを使うと手術の後に糸をぬく必要がないのである。

---

1 ㋐・㋑の指す言葉を書きましょう。（10点）

㋐ 〔　　　　　　〕糸

㋑ にゅう酸を〔　　　　〕糸

2 1の㋐は何で作られていますか。（10点）

〔　　　　　　〕

3 Ⓐ・Ⓑに入る接続語《せつぞくご》を［　］から選んで書きましょう。（10点）

［このように　そして　では］

Ⓐ〔　　　　〕　Ⓑ〔　　　　〕

4 この糸を使うと便利なところは何ですか。（10点）

〔　　　　　　〕

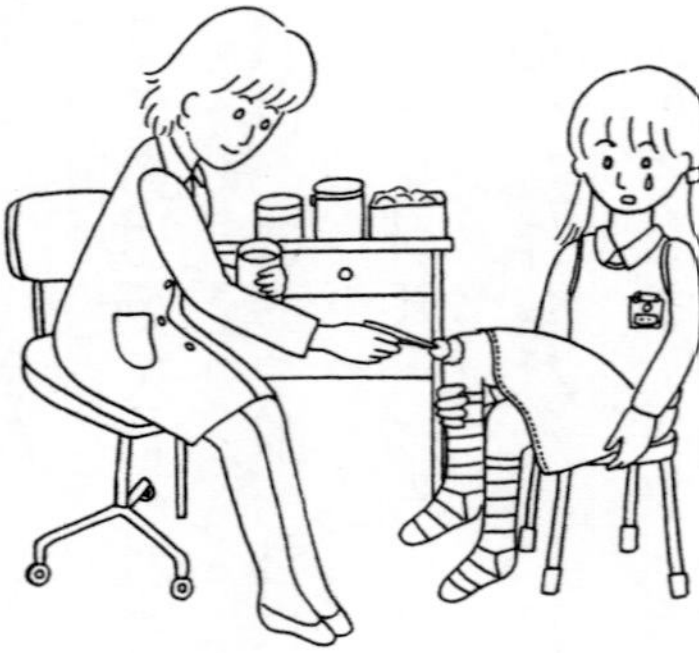

とける糸の仕組み

1．にゅう酸でできた糸（イメージ）

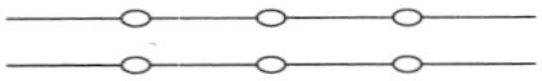

2．水と反応して少しずつちぎれる

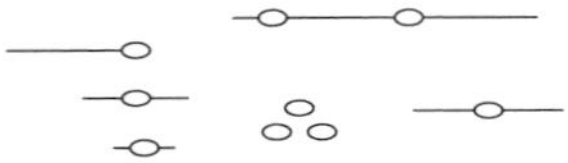

3．バラバラで体にきゅうしゅうされる

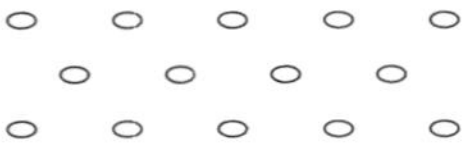

こたえ

1 ㋐ 皮ふにとける
㋑ つなげた

2 にゅう酸

3 Ⓐ では Ⓑ このように

4 手術の後に糸をぬく必要がないところ。

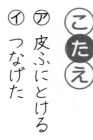

世界一きれいな町だった江戸（東京）

武士《ぶし》の時代の江戸《えど》では、町の人の多くは長屋《ながや》（共同住たく）に住んでいた。㋐そこには、共同の上水井戸《いど》があり、住人は水道料金をはらって上水をくみ上げていた。㋑それを、飲み水や料理に使っていた。せんたくや食器あらいは、上水井戸の近くで行われ、使った水は下水に流された。

ふんにょうは、便所にためられ、㋒それを農家の人が買いに来ていた。当時、それは、大事な肥料《ひりょう》になっていたからだ。今でいう有機肥料だ。

こうして、江戸は上水と下水が整備《せいび》され、ふんにょうもリサイクルされる世界一きれいな町であった。

1　㋐～㋒の指す言葉を書きましょう。（15点）

㋐

㋑

㋒

2　上水は、何に使われていましたか。（10点）

〔　　〕〔　　〕

3　江戸は、なぜ世界一きれいな町だったのですか。（15点）

〔　　〕

世界一きれいな町だった江戸

こたえ

1 ㋐ 長屋
㋑ 上水
㋒ ふんにょう

2 飲み水　料理

3 上水と下水が整備され、ふんにょうもリサイクルされていたから。

共同の上水井戸

料金受取人払郵便

大阪北局
承　認
4911

差出有効期限
2026年5月31日まで
※切手を貼らずに
お出しください。

郵　便　は　が　き

5 3 0 - 8 7 9 0

1 5 6

大阪市北区曽根崎 2-11-16
梅田セントラルビル

清風堂書店
愛読者係　行

愛読者カード　ご購入ありがとうございます。

フリガナ お名前		性別	
		年齢	歳
TEL		ご職業	
ご住所			
E-mail	@		

ご記入いただいた個人情報は、当社の出版の参考にのみ活用させていただきます。
第三者には一切開示いたしません。

・学力がアップする教材満載の**カタログ送付を希望**します。☐

●ご購入書籍・プリント名

●ご購入店舗・サイト名等（　　　　　　　　　　　　　　　　　　　　　）

●ご購入の決め手は何ですか？（あてはまる数字に○をつけてください）

1.表紙・タイトル　　2.内容　　3.価格　　4.SNSやHP

5.知人の紹介　　6.その他（　　　　　　　　　　　　　）

●本書の内容には、ご満足いただけたでしょうか？（あてはまる数字に○をつけてください）

たいへん満足　5　4　3　2　1　不満

●本書の**良かったところ**や、**改善してほしいところ**を教えてください。

●ご意見・ご感想、**本書の内容に関してのご質問**、また今後**欲しい商品のアイデア**がありましたら、下欄にご記入ください。

※ご協力ありがとうございました。

★ご感想を小社SNS、HP等で匿名でご紹介させていただく場合もございます。

□ 可　　□ 不可

HPで他の商品もご覧いただけます。

★おハガキをいただいた方の中から、抽選で20名様に1,000円分の図書カードをプレゼント！当選の発表は、商品の発送をもってかえさせていただきます。

肉食きょうりゅうも集団生活？

モンゴルのゴビさばくにある地そうから、はば約二〇メートル、長さ約五〇メートルの大きさの肉食きょうりゅうの巣づくり地が見つかった。㋐そこには、巣が一八か所もあって、一つの巣には直径約一三センチのたまごが、三～八個《こ》もあった。

今まで肉食きょうりゅうは、単独《たんどく》生活をしていたと思われていたが、㋑この発見でたまごを産むときは、集団《しゅうだん》生活を送っていたことがわかってきた。

このことから、肉食きょうりゅうでも、巣づくり地では、てきからたまごを守るために集団生活をしていたと考えられる。

---

1 ㋐は、何を指していますか。（10点）

〔　　〕きょうりゅうの〔　　〕地

2 ㋑は、どんな発見ですか。（10点）

巣づくり地に巣が〔　　〕か所あった。

3 文章をまとめるときに使う言葉を、さがして、書きましょう。（10点）

〔　　〕

4 肉食きょうりゅうは、何のために集団生活すると考えられますか。（10点）

〔　　〕から〔　　〕を〔　　〕ため。

巣づくり地で、たまごを育てるきょうりゅう（イメージ）

こたえ

1 肉食　巣づくり

2 一八（十八）

3 このことから

4 てき　たまご
守る

クモの巣はどうして強いの

月　日

点/40点

クモの巣は、強い風がふいても、大きなえ物がかかっても、大きく破《やぶ》れない。しかも、㋐それを作っている糸は、かみの毛の約十～二十分の一の細さしかない。

クモの巣は、巣のほね組みを作るたて糸と、え物をとらえる横糸からできている。たて糸は板のようになっている部分が多いので、強くてかたい。また、横糸はバネのようになっている部分が多いので、のびやすくてやわらかい。

このやわらかいものにかたいもの、という正反対の性質《せいしつ》のものをうまく組み合わせているのが、㋑強さのひみつなのだ。

---

1 ㋐は、かみの毛のどのくらいですか。（10点）

〔　　　〕

2 次の文は、たて糸と横糸のどちらですか。（20点）

① 巣のほね組みを作る糸〔　　〕

② え物をとらえる糸〔　　〕

③ バネのようにのびやすくやわらかい〔　　〕

④ 板のようにかたい〔　　〕

3 ㋑は、何ですか。（10点）

〔　　　〕の性質の組み合わせ

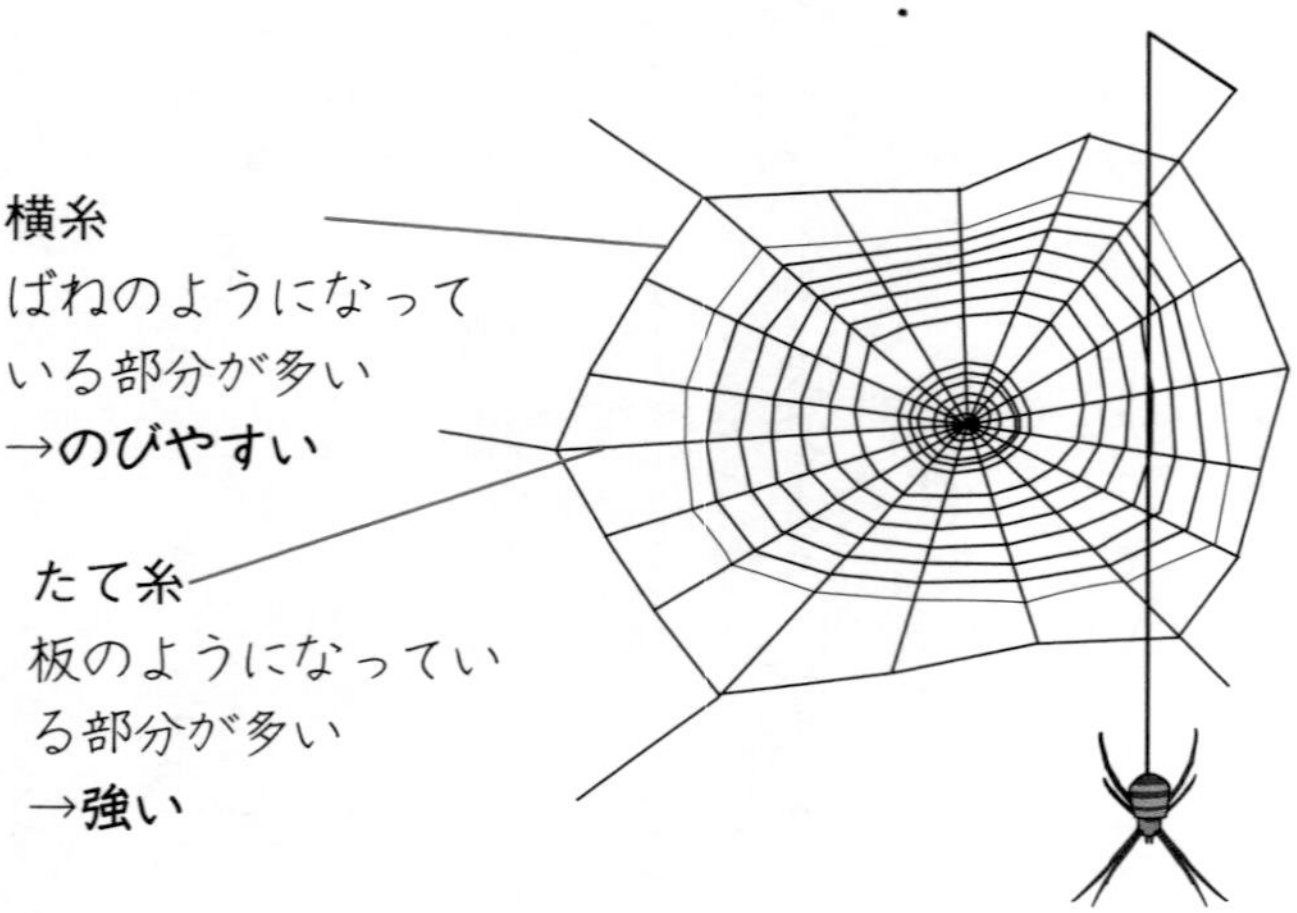

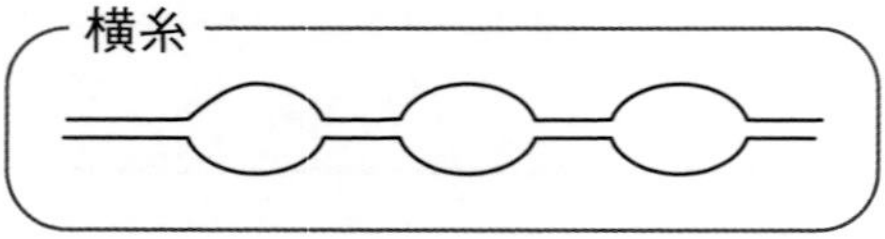

こたえ

1 約十〜二十分の一の細さ

2 ①たて糸 ②横糸 ③横糸 ④たて糸

3 正反対

和食が無形文化遺産（いさん）に

ユネスコ無形文化遺産《いさん》に決まった和食とは何か。それは、ご飯を中心にしる物とおかず、つけものを組み合わせた食事のことである。

そのほか、はしで食べることも特ちょうの一つ。先が細いから料理を一口大にして、つまんで口に運ぶという細かい作業ができる。また、しる物はうつわを持って口をつけて飲むから、熱くならないように、木にうるしをぬったおわんが発てんした。

家族一人ひとりが自分のはしや、おわんを持つことは、お米を主食にする他の国にはないわが国独特《どくとく》の文化である。

---

1 和食とは何ですか。（10点）
ご飯を中心に、
〔　　〕と〔　　〕、
つけものを組み合わせた食事。

2 はしが、すぐれていることは何ですか。（10点）
□□□□口に運べる。

3 うつわが熱くならないように、木に何をぬりましたか。（10点）
□□□

4 ㋐は、何ですか。（10点）
自分の〔　　〕や、〔　　〕を持つこと。

和食のすいせん理由

- 新せんな食材と調理
- すぐれた栄養バランス
- 年中行事との関わり
- 美しさ・季節の表現《ひょうげん》

こたえ

1 しる物
おかず
（順番は自由）

2 つまんで

3 うるし

4 はし
おわん
（順番は自由）

地球温だん化と米

地球温だん化が、米の品質《ひんしつ》低下を招《まね》いている。米の検査《けんさ》結果で、最上級の一等米の比率《ひりつ》が、北海道・東北では九割《わり》以上なのに、九州や中国・四国などでは四割台だった。これは、「高温しょう害」が主な原因《げんいん》らしい。

それは、ほが出て米にでんぷんがたまる大事な夏の時期に、高温が続き、米が白くにごる現象《げんしょう》である。こうなると、米の評価《ひょうか》が下がってしまう。

そこで、高温に強い品種が登場してきた。九州の「にこまる」や、山形の「つや姫《ひめ》」などだ。

---

1 地球温だん化で、何が問題になっていますか。（10点）

［　　　　　　］

2 特に 1 がどの地方に出ていますか。（10点）

〔　　　　〕や中国・四国地方

3 1 の原因は、何で、どんな現象ですか。（10点）

① 原因…［　　　　　　］

② 現象…米が〔　　　　〕

4 3 に対し、高温に強い品種を書きましょう。（10点）

①〔　　　　〕［九州地方］

②〔　　　　〕［山形県］

「にこまる」が生まれるまで

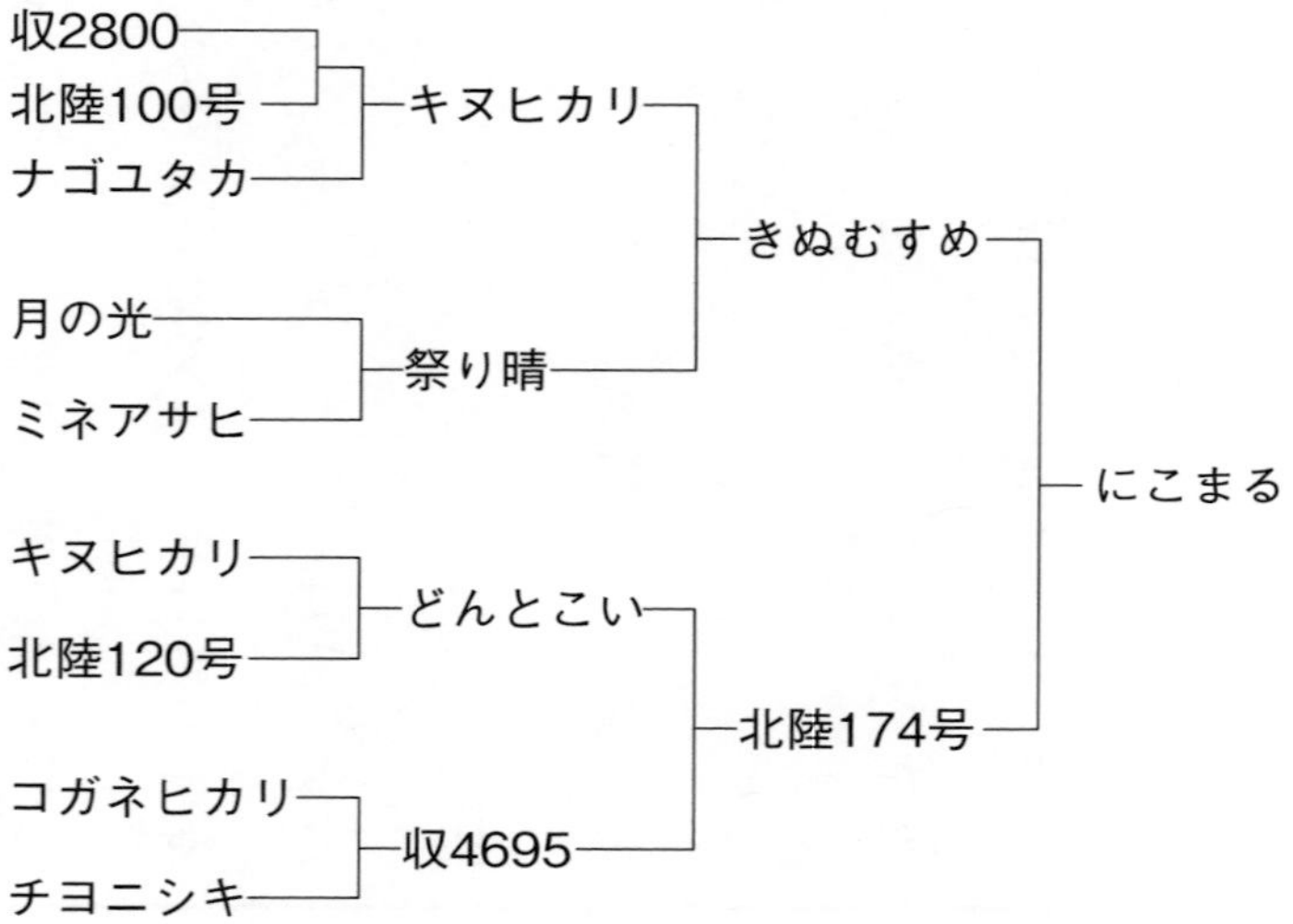

「にこまる」の名前の由来

笑顔がこぼれるほどおいしいこと。
「まるまる」としたつぶのよさです。

こたえ

1 米の品質低下

2 九州

3 ① 高温しょう害 ② 白くにごる

4 ① にこまる ② つや姫（ひめ）

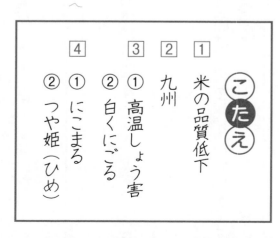

熱帯雨林減少とパーム油

パーム油と聞いてもピンとこないだろう。でも、スナックのおかしやカップラーメンなどの食品やせんざいなど意外と身近なところで使われている。成分表示《ひょうじ》に㋐「植物油し」と書かれているのが、それである。

この油は、アブラヤシの実をしぼって作られる。それは、植物から作られるので、かん境《きょう》にやさしくて、手があれなく、しかも価格《かかく》が安い。そのため、㋑アブラヤシのさいばいが急に増《ふ》えてきている。

しかし、熱帯雨林が次つぎに、ばっ採《さい》されて減少《げんしょう》し、㋒一億年かけて育まれたジャングルが、たった数十年でこわされようとしている。

---

1 ㋐は、何油のことですか。（10点）

［　　　　］

2 1のいいところは、どこですか。（10点）

① ［　　　］にやさしい

② ［　］があれない

③ 価格が［　　］。

3 ㋑のために何が起こっていますか。（10点）

［　　　　］の減少

4 ㋒がどれくらいでこわされようとしていますか。（10点）

〔　　　　〕

パーム油生産量

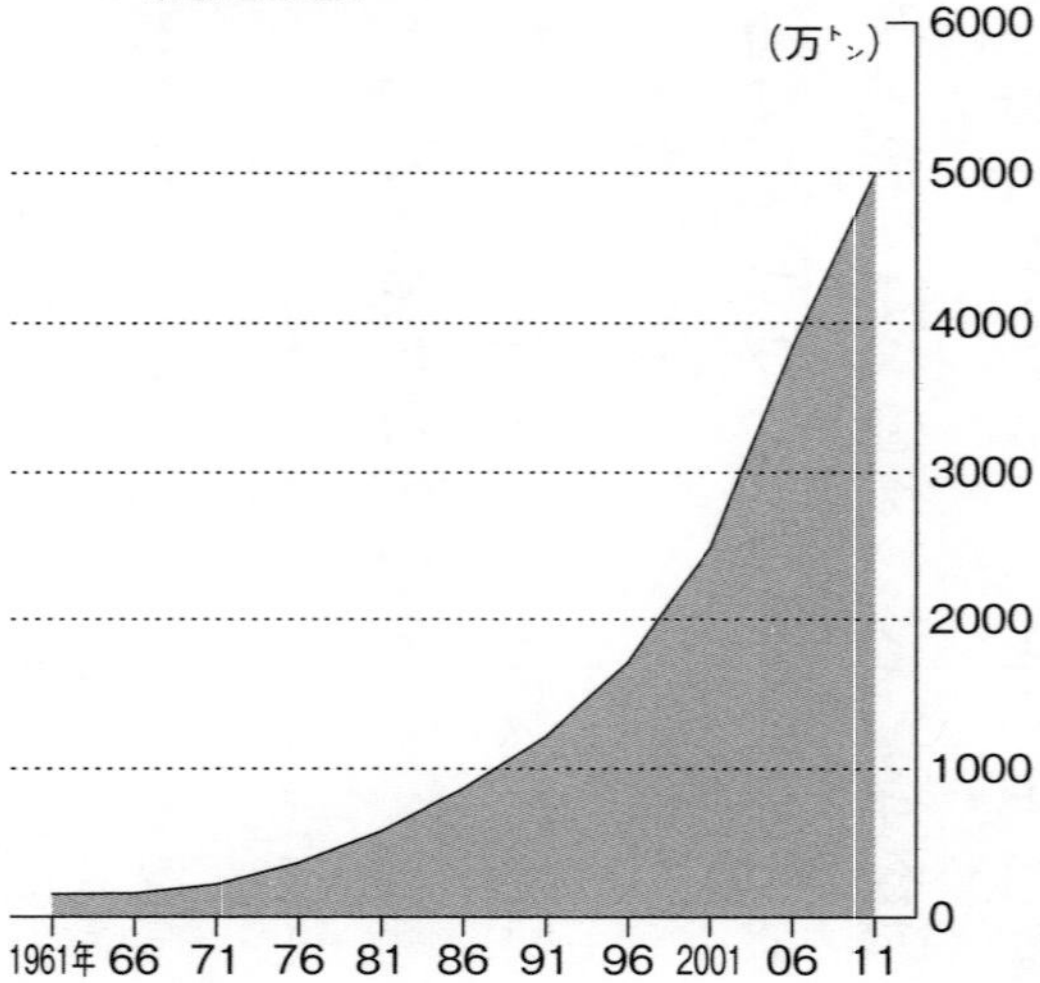

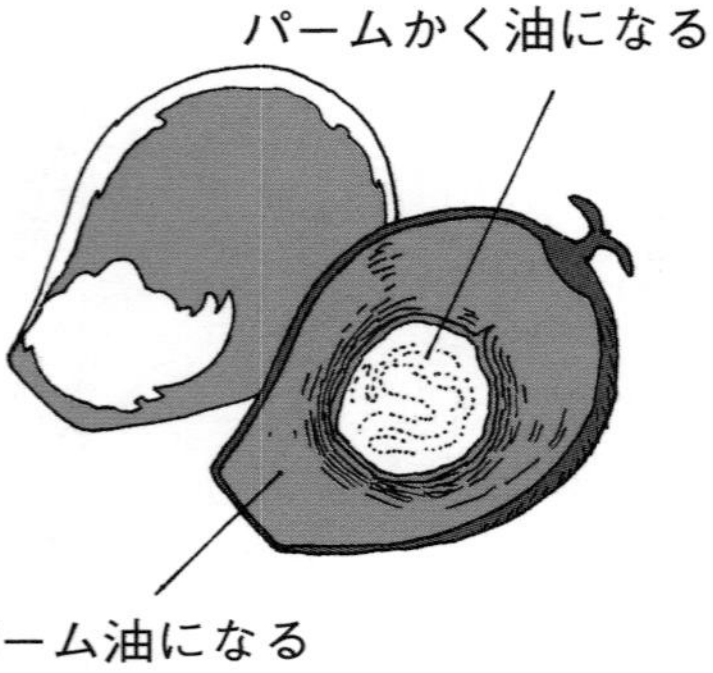

アブラヤシ

赤い実の“果肉”部分から採取されるものが“パーム油”になる。
“種子”部分から採取《さいしゅ》されるものが“パームかく油”になる。

こたえ

1 パーム油

2 ①かん境 ②手 ③安い

3 熱帯雨林

4 （たった）数十年

22 梅雨はなぜ長雨なのか

月　日

点/40点

毎年、五月ごろ沖縄県から、梅雨《つゆ》が始まります。どうして、Ⓐ梅雨になると雨が続くのでしょうか。

このころ㋐日本のそばには、太平洋のあたたかい空気のかたまりと、オホーツク海の冷たい空気のかたまりがあります。

この二つがぶつかるところを前線《ぜんせん》といい、この時期は二つのかたまりがどちらも強く、一か月ほど、日本付近でほとんど動きません。これが梅雨前線《ばいうぜんせん》です。

そこでは、あたたかい空気が高く上がって雨雲ができて、雨をふらせるのです。

それが、夏が近づくにつれて㋑太平洋のあたたかな空気が強くなり、前線をだんだん北へおし上げて、梅雨が明けます。

---

1 ㋐に、何がありますか。（10点）

・太平洋〔　　　　〕空気

・オホーツク海〔　　　　〕空気

2 1の空気のぶつかるところを、何と言いますか。（10点）

〔　　　　〕

3 Ⓐは、何が原因《げんいん》になっていますか。（10点）

〔　　　　〕

4 ㋑になると、どうなりますか。（10点）

〔　　　　〕

梅雨《つゆ》とは、「梅の実がなる季節の雨」だからです。

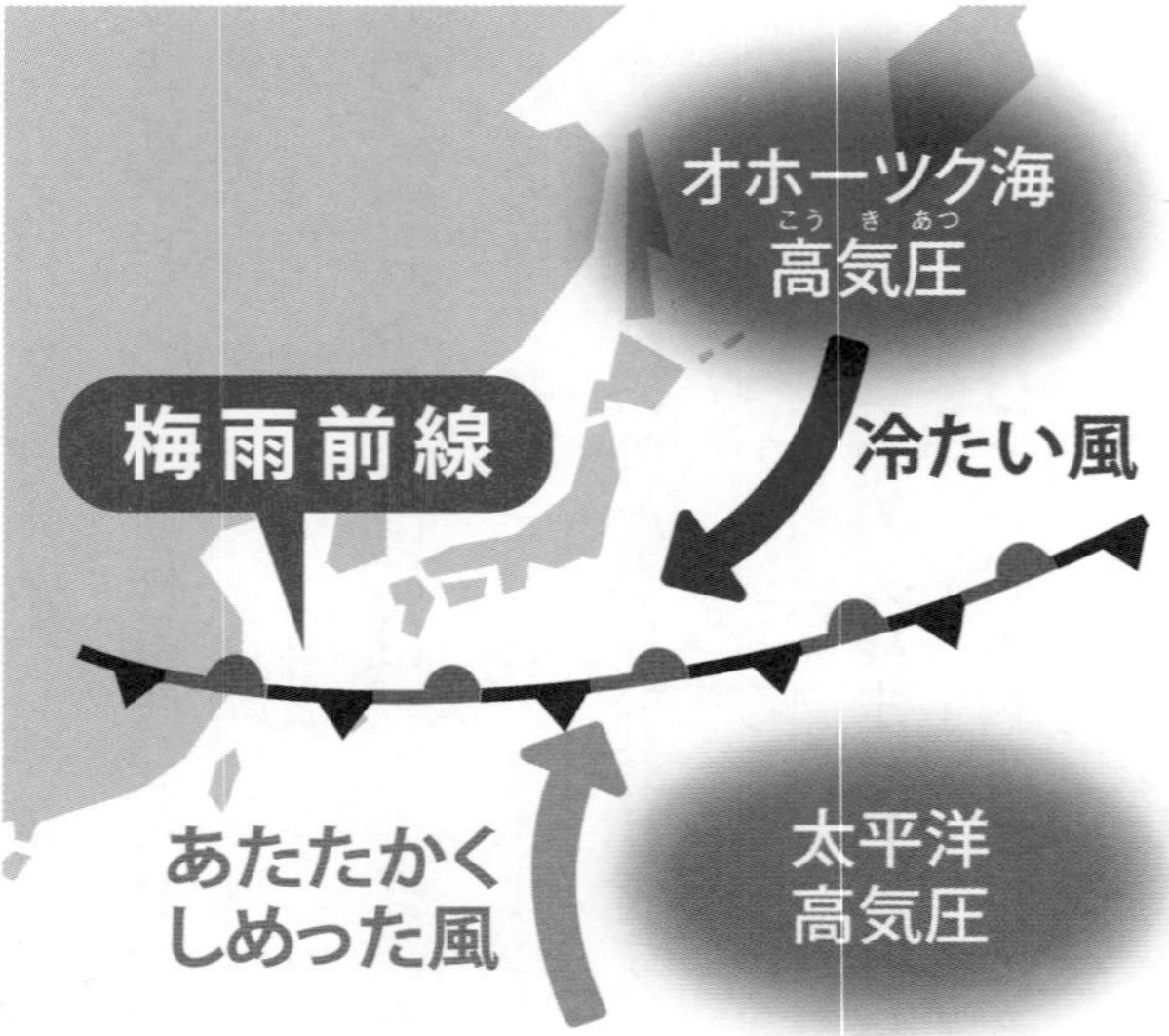

（梅雨の時期）

こたえ

1 ㋐ あたたかい
㋑ 冷たい

2 前線

3 梅雨前線（ができること）

4 梅雨明け

北海道での米の品種改良

月　日

点/40点

北海道は、米どころとして知られています。しかし、昔は、イネは、高気温で育つ作物だから、北海道の寒さでは無理だとされ、禁止《きんし》されていたのです。

それでも、「米を作りたい」という強い思いから、「赤毛」種で初めて米のしゅうかくに成功しました。しかし、寒さに強い米を作ってもおいしくなくて「やっかいどう米」と言われていました。(ア)

これを打《う》ち破《やぶ》ったのが、「きらら397」です。これをもとにして品種改良を重ね、「ゆめぴりか」が作り出されました。

また、田んぼに直接《ちょくせつ》、タネをまく「えみまる」も生まれました。

---

1 昔、北海道で米を作ることの問題点は何でしたか。(5点)

北海道の〔　　　　〕

2 寒さに強い最初の品種は、何ですか。(5点)

〔　　　　〕種

3 北海道米について答えましょう。(30点)

① (ア)のイメージを変えた米。

〔　　　　〕

② ①を品種改良して作られた米。

〔　　　　〕

③ 田んぼに直接にまける米。

〔　　　　〕

明治《めいじ》の初め、北海道開たくのために、多くの人が、本州から移民《いみん》としてやってきました。

この当時、寒い北海道では、米づくりに適《てき》さないとして米づくりが禁止《きんし》されていました。

「赤毛」は、石狩《いしかり》地方で初めて米づくりに成功した品種です。

きらら397

北海道米のおいしさを知ってもらうきっかけを作った米

ゆめぴりか

「日本一おいしい米」という北海道民の「夢《ゆめ》」に、アイヌ語で美しいを意味する「ピリカ」を合わせて名づけた。

この他に、「ななつぼし」「ふっくりんこ」「ほしのゆめ」などがある

こたえ

1 寒さ

2 赤毛

3 ① きらら397 ② ゆめぴりか ③ えみまる

インクラインと水力発電

月　日

点/40点

明治《めいじ》の初めに、滋賀県の琵琶湖《びわこ》から京都府に水路を作った。Ⓐ「琵琶湖疏水《びわこそすい》」という。この疏水を使って、船で米や木材などの行き来をさかんにしようとした。

しかし、とちゅうに落差の大きい場所があるというⒷ問題があった。そこで、船を安全に運航《うんこう》するために、「インクライン」が考えられた。台車に船を乗せて、上り下りする船用のケーブルカーのようなものだ。

しかも、この台車を動かす電力に使ったのが、流れ落ちる水の力を利用した水力発電であった。Ⓒ自然エネルギーのおかげで京都の街中でも発電できたのだ。

1 Ⓐは、どこからどこへ水を引きましたか。都道府県名で書きましょう。（10点）

［　　　］から［　　　］

2 Ⓑは、何が問題ですか。（10点）

［　　　］

3 船を安全に運航するために作られたのは、何ですか。（10点）

［　　　］

4 Ⓒは、何ですか。（10点）

［　　　］

〈インクライン〉

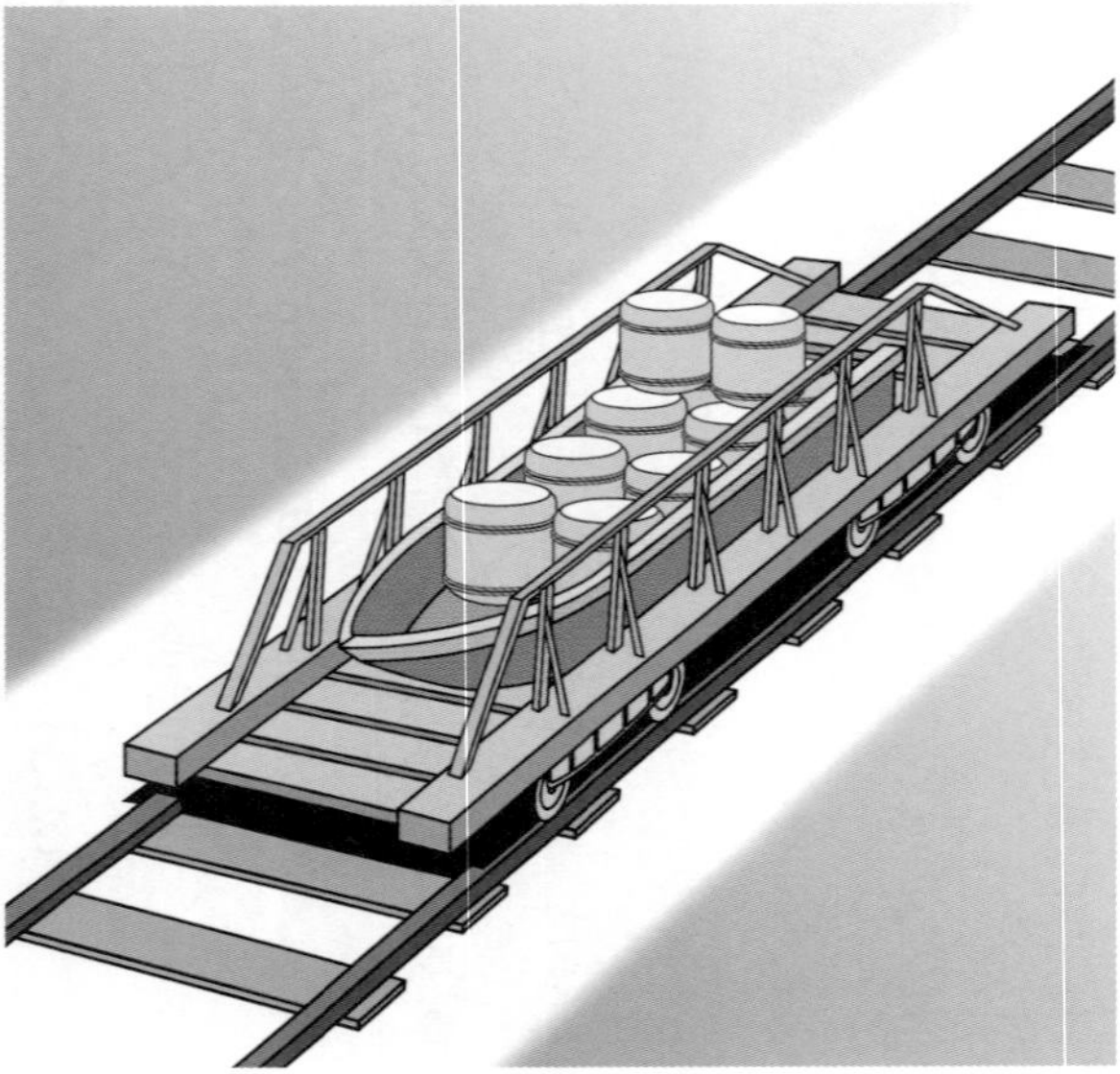

こたえ

1 滋賀県
京都府

2 落差の大きい場所があること

3 インクライン

4 水力発電

大昔のひらがな見つかる

月　日

点/40点

ひらがなが書かれていた土器が、京都の有名な家のあとを調べたら出てきた。

もともと日本に文字はなく、中国から漢字が伝わった。㋐それを日本語の一つひとつの音《おん》に同じ読みの漢字をあてはめて、万葉《まんよう》がながができた。㋑それをくずしていって、ひらがなができたといわれる。

そのひらがなは、今まで書物でしか見られなかったのが、今回それよりも古い時代の土器で見つかったのだ。

昔は今とちがって、紙は土器よりもとてもきちょうだった。だから、昔の人は、土器に字の練習をしていたらしい。

---

1 京都の有名な家のあとから何が見つかりましたか。（10点）

ひらがなが書かれていた［　　］

2 ㋐・㋑の指す言葉を書きましょう。（10点）

㋐［　　］

㋑［　　］

3 ひらがなは、今まで、何で見ることしかできなかったですか。（10点）

〔　　〕

4 なぜ、土器に文字が書かれていたのですか。（10点）

昔は、〔　　〕よりも〔　　〕の方がきちょうだったから。

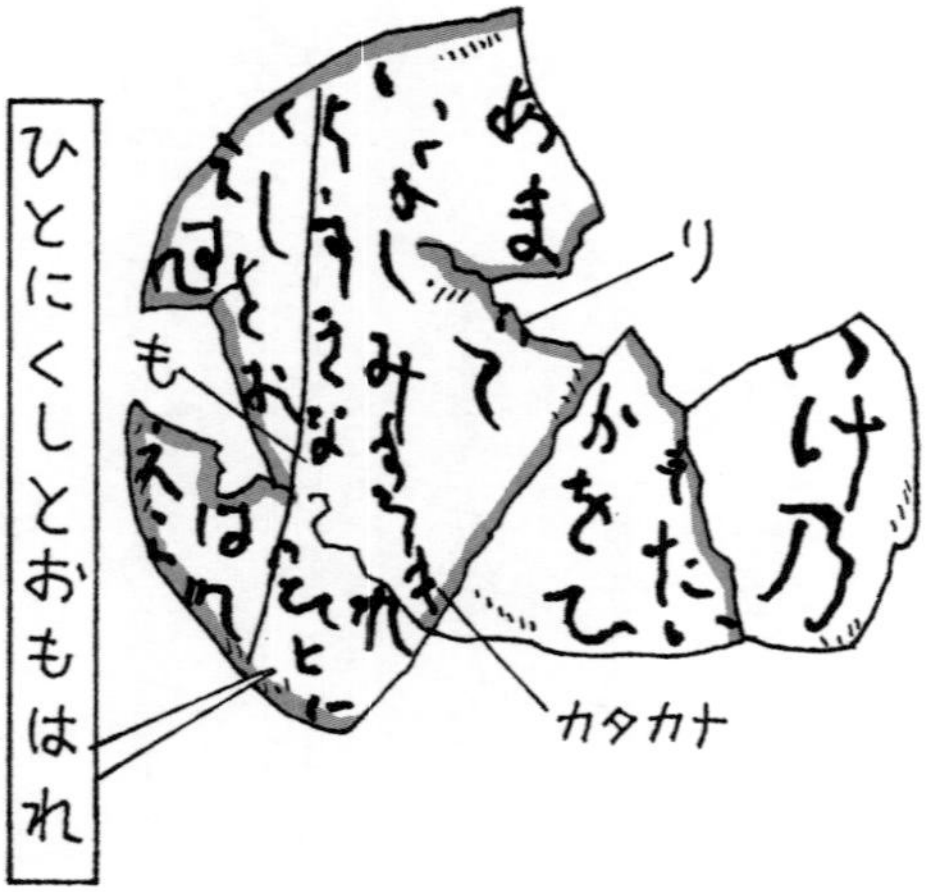

昔のひらがなが書かれた土器

こたえ

1 土器

2 ㋐ 漢字 ㋑ 万葉がな

3 書物

4 土器 紙

北山村 トントン飛び出し 和歌山県

月　日　　点/40点

和歌山県には、「飛び地」とよばれる土地が二つあります。飛び地とは、㋐「土地の一部が他の所に飛んでいる土地」をいいます。

その中で、東側にある北山村は、村全体が「飛び地」になって、周りを三重県と奈良県に囲《かこ》まれているめずらしい所なのです。

飛び地になった理由は、北山村は、良《りょう》質《しつ》の吉野《よしの》杉《すぎ》がとれて林業がさかんでした。切った木はいかだにして、北山川から熊野川の河口《かこう》の和歌山県新宮市まで運んでいました。

このつながりで、和歌山県に入ったのです。そのなごりから、今も北山川では、観光用に「いかだ下り」をしています。

---

1 ㋐のところを何と言いますか。（10点）

［　　　　］

2 ㋐になっているのは、和歌山県の何村ですか。（10点）

［　　　　］村

3 なぜ、2の村が㋐になったのですか。（20点）

昔、この村の良質の吉野杉を、近くの北山川から［①　　　　］川の河口の、新宮市まで運んでいた。そのつながりが深かったから［②　　　　］県の㋐になった。

〈北山村の場所〉

こたえ

1 飛び地

2 北山

3 ① 熊野 ② 和歌山

昔の人は何を食べていたのだろう

人間や動物の体は、食べ物によってつくられる。

昔の人は何を食べていたかを調べるために、㋐長野県のあるいせきで、発くつされたほねを調べた。

そこでは、今まで多くの人の食料を確《かく》保《ほ》するために、不安定なしゅりょう生活ではなくて、農耕《のうこう》生活が行われていたのではないかと考えられていた。

しかし、発くつされた人のほねの成分は、シカなどの草食動物より、肉食に近いキツネなどと、ほぼ同じであることがわかった。

このことから、ここでは、農耕生活よりも、まだしゅりょう中心の生活であったことがわかった。

---

1 人間や動物の体は、何によってつくられていますか。（10点）

□□□

2 ㋐での生活は、調査前《ちょうさまえ》と調査後では、どのように変わりましたか。（20点）

① 調査前〔　　　〕生活

② 調査後〔　　　〕生活

3 どうして、2のようにわかったのですか。（10点）

発くつされた人間のほねの成分は、□□に近い□□□などとほぼ同じだったから。

縄文時代《じょうもん》は、まだドングリや木の実をとったり、かりなどして生活していました。
弥生《やよい》時代から米などを育てる農耕《のうこう》生活になりました。

こたえ

1 食べ物

2 ① 農耕 ② しゅりょう

3 肉食 キツネ

塩を食べる象

動物園の人気者である象《ぞう》は、肉を一切食べない陸上で一番体の大きな草食動物だ。では、どうして草や果物しか食べないのに、あんなに体が大きくなるのだろうか。

葉っぱや木の皮には、セルロースというせんいがふくまれている。㋐これを、象のいぶくろの中にすんでいるび生物が分《ぶん》解《かい》する。㋑このおかげで、いの中でタンパク質《しつ》が作られ、大きな体が作られていく。このび生物は、塩が大好きなのだ。

だから、象は塩を食べる。動物園では、一日のエサ一〇〇キログラムに、一日五〇〜一〇〇グラムの塩を混《ま》ぜてあたえている。

---

1 象の主食は何ですか。（10点）

〔　　　〕や〔　　　〕

2 ㋐の指す言葉を書きましょう。（10点）

□□□□□

3 ㋑は、何を作り出しますか。（10点）

□□□□□

4 どうして、象は、塩を食べるのですか。（10点）

〔胃の中の　　　　　　　　〕

動物はどうやって塩をとるの？

ライオン…かり（草食動物の血液《けつえき》から）

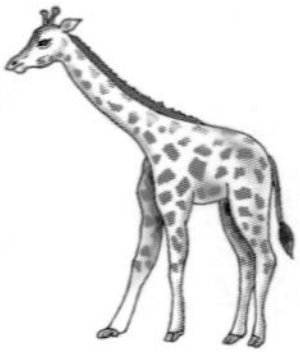

ゾウ
キリン
} 塩をふくむ水や土をなめます

ペンギン
ウミガメ
} エサといっしょに海水を飲みます

こたえ

1 草　果物　（順番は自由）

2 セルロース

3 タンパク質

4 び生物は、塩が大好きだから。

理由を読み取る

どうしておもちはふくらむの？

月　日

点/40点

お正月によく食べられる㋐おもち。おもちを焼くと、どうしてふくらむのか。

おもちは、主にデンプンでできている。ついたもちも、お店で売っているパックの切りもちも、表面はかんそうして固いけど、内側には、ついたときの水分がとじこめられている。

そこで、おもちを焼くと、デンプンが水分をふくんで、ねばりのあるやわらかいもちになる。このとき、おもちの中の水分が、水じょう気になり、体積が大きくなって、おもちを風船のようにふくらませる。こうして、おもちはふくらむのだ。

---

1 ㋐は、主に何でできていますか。（10点）

［　　　　］

2 ㋐を焼くと、どうなりますか。（10点）

［　　　］のある［　　　　　］もちになる

3 ㋐を焼くと、どうしてふくらむのですか。（20点）

おもちの中の［　　　］が［　　　］になり、［　　　］が大きくなって、ふくらむ。

おもち

もち米をあらって、むし器に入れて、お湯いっぱいのなべにかけてむし上げます。

それをきねでつくと、ねばりが出ておもちができあがります。

だから、おもちの中には水分が、いっぱい入っています。

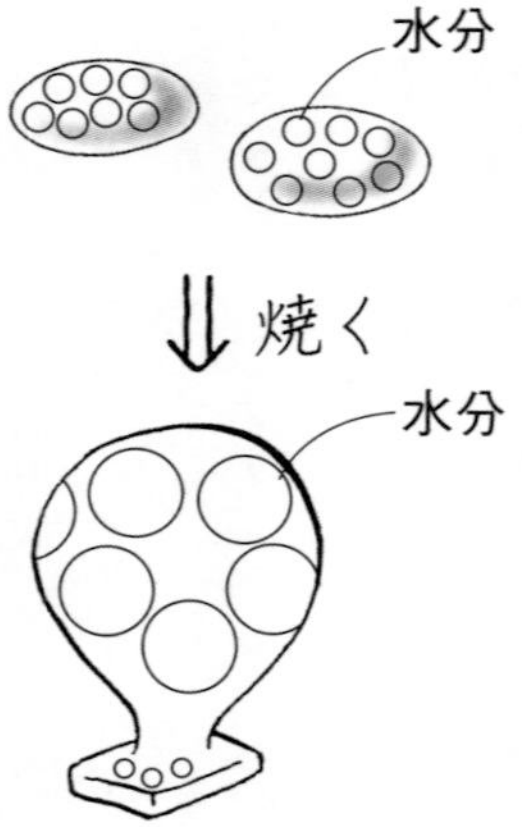

こたえ

1 デンプン

2 ねばり　やわらかい

3 水分　水じょう気

体積

30 飯豊山 ちょこっと飛び出し福島県

月　日

点/40点

山形県、新潟県、福島県の三県を一またぎできる場所があります。三県の県境《けんきょう》の飯豊山《いいでさん》付近です。地図で見ると、山ちょう付近まで細長く県境がのびて福島県になっています。

　飯豊山は当初、新潟県に入る予定でした。しかし、福島県は「山ちょうにある飯豊山神社と参道は昔からわたしたちが管理してきたから、福島県だ。」と㋒主張《しゅちょう》し、それがみとめられたのです。そのため、新潟県と山形県の間に福島県がちょこっと飛び出したような県境ができたのです。

　実は、この参道は、㋓せまいところでは、一メートルもないのです。だから、そこに立つと、かんたんに三県を一またぎできるのです。

---

1 飯豊山は、何県に入る予定でしたか。（10点）

〔　　　　〕県

2 なぜ、飯豊山は福島県も入るのですか。（10点）

山ちょうにある〔　　　　〕神社と参道を昔から福島県が〔　　　　〕してきたという主張がみとめられたから。

3 2でどうなりましたか。（10点）

新潟県と〔　　　　〕県の間に細長くのびた県境ができた。

4 ㋓では、何ができますか。（10点）

三県を〔　　　　〕できる。

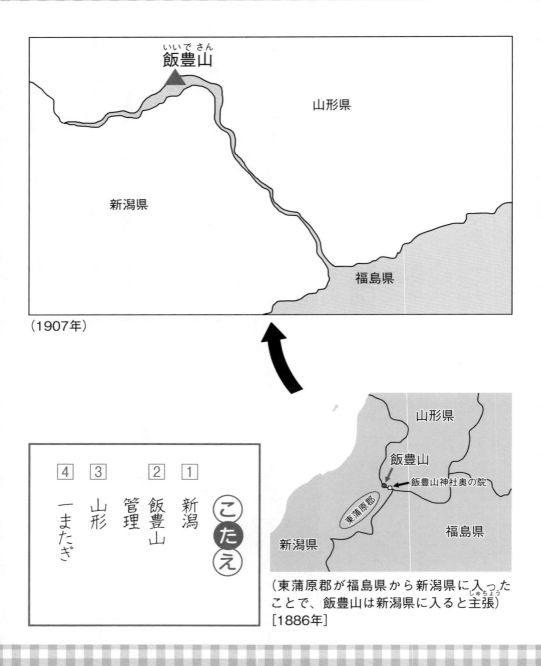

（1907年）

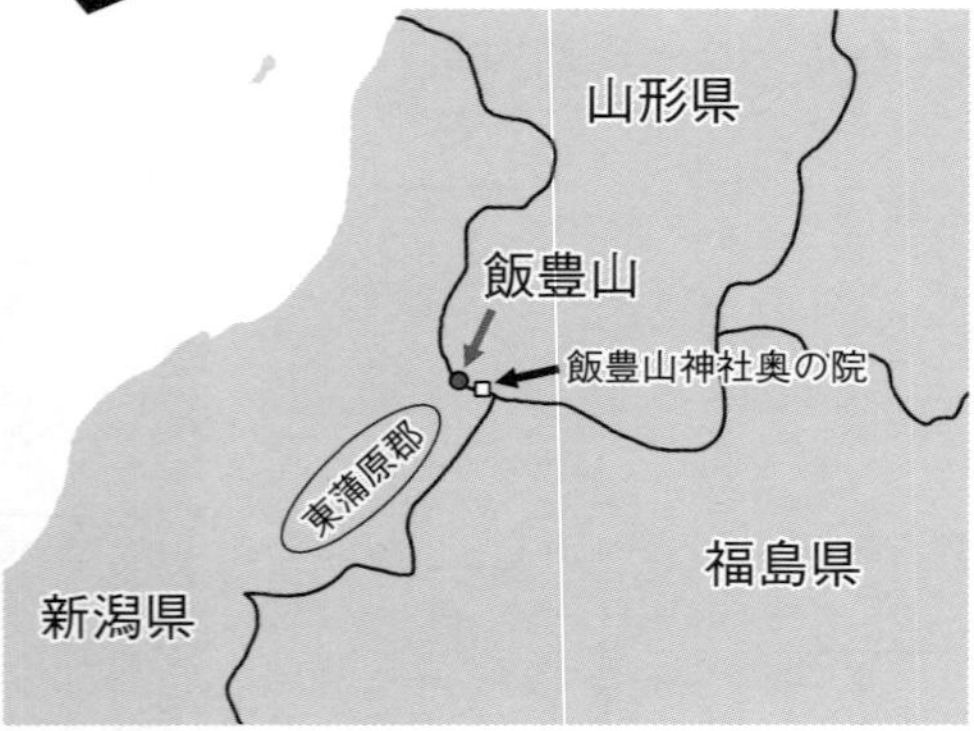

（東蒲原郡が福島県から新潟県に入ったことで、飯豊山は新潟県に入ると主張《しゅちょう》）
［1886年］

こたえ

1 新潟
2 飯豊山
管理
3 山形
4 一またぎ

東京スカイツリー

月　日

点/40点

二〇一二年五月に開業した東京スカイツリー。㋐このタワーの高さは六三四メートルで、日本一だった東京タワー（三三三メートル）の約二倍。

これまでの世界一は、中国の広州《こうしゅう》タワーの六〇〇メートルだった。そこで、世界一を目指して六三四メートルにした。そして、二〇一一年一一月にギネス世界記録に登録された。

では、どうして六三四メートルにしたのか。それは、東京タワーみたいに覚えやすい高さにするためだという。このタワーがあるところは、昔、むさし（六三四）の国と言われていたので、それにちなんでつけたとも言われている。

1 今までの「世界一」と「日本一」のタワーは何ですか。（20点）

① 世界一…中国の〔　　　　〕

② 日本一…〔　　　　〕

2 ㋐のタワーの「名前」と「高さ」を書きましょう。（10点）

〔　　　　〕

〔　　　　〕メートル

3 ㋐のタワーは、なぜこの高さにしたのですか。（10点）

このタワーがあるところは、昔、〔　　　　〕と言われていたから。

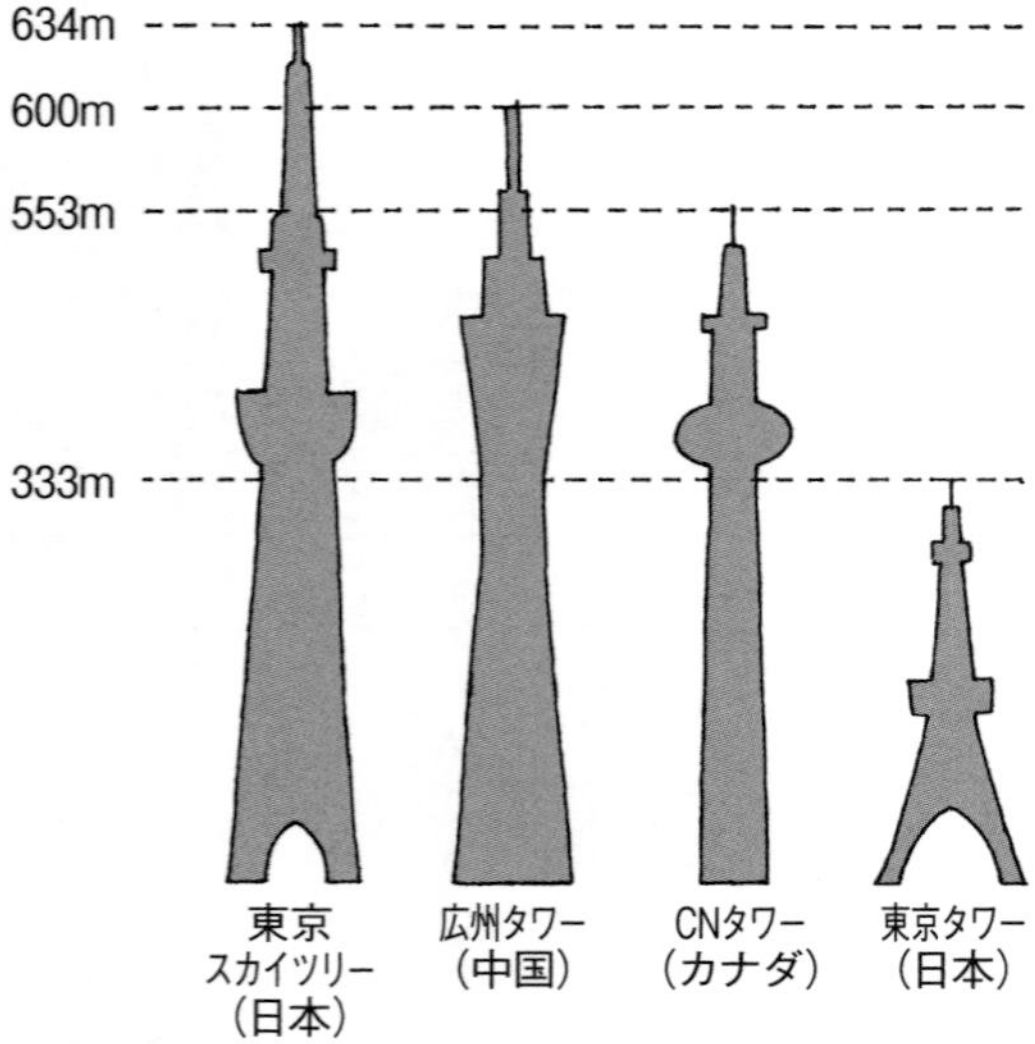

⊙東京スカイツリー
・東京EDOタワー（江戸）
・ライジングタワー
・みらいタワー
・ゆめみやぐら
・ライジングイーストタワー

最後は6つの中から選ばれました

「東京スカイツリー」の由来

一ぱんから名前がぼ集され、その中から上の六つにしぼられました。

実は、公ぼで一番多かったのは「大江戸《おおえど》タワー」でした。しかし、これはこの名前がすでに商標登録されていたので外されたのです。

こたえ

1 ① 広州タワー ② 東京タワー

2 東京スカイツリー 六三四

3 むさしの国

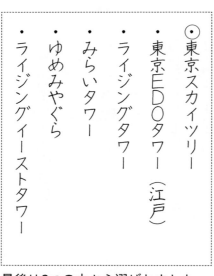

石から作られる紙

月　日

点/40点

石から作られる紙という、㋐なんとも不思議な紙がある。

使う石は、石灰石《せっかいせき》。これは、日本中のどこにもあって、国内自給率《じきゅうりつ》百パーセントの天然資《てんねんし》げんだ。これから紙が作られていく。

この紙のすごいところは、紙を作る過《か》程《てい》で、水をほとんど使わないこと。木材から一トンの紙を作ろうとすると、八十五トンほどの水が必要とされる。

また、紙の原料が木材ではなくて石なので、森林をばっ採《さい》しなくてもよい。

この石灰石、日本だけでなく世界中どこにでもある。そこで、水や森林がほとんどないが、石灰石が豊富《ほうふ》にあるさばく地帯でも紙が作れないかと期待されている。

---

1 文中の㋐は、どんな紙ですか。（10点）

〔　　　〕から作られる紙

2 1は国内自給率が何パーセントですか。（10点）

〔　　　〕パーセント

3 1から紙を作る利点を書きましょう。（10点）

① 〔　　　〕をほとんど使わないこと。

② 〔　　　〕をばっ採しなこと。

4 2の利点を生した紙づくりは、どこで可能《かのう》ですか。（10点）

〔　　　〕地帯

紙と比べ、大量に必要となる水や木をほとんど使わない。

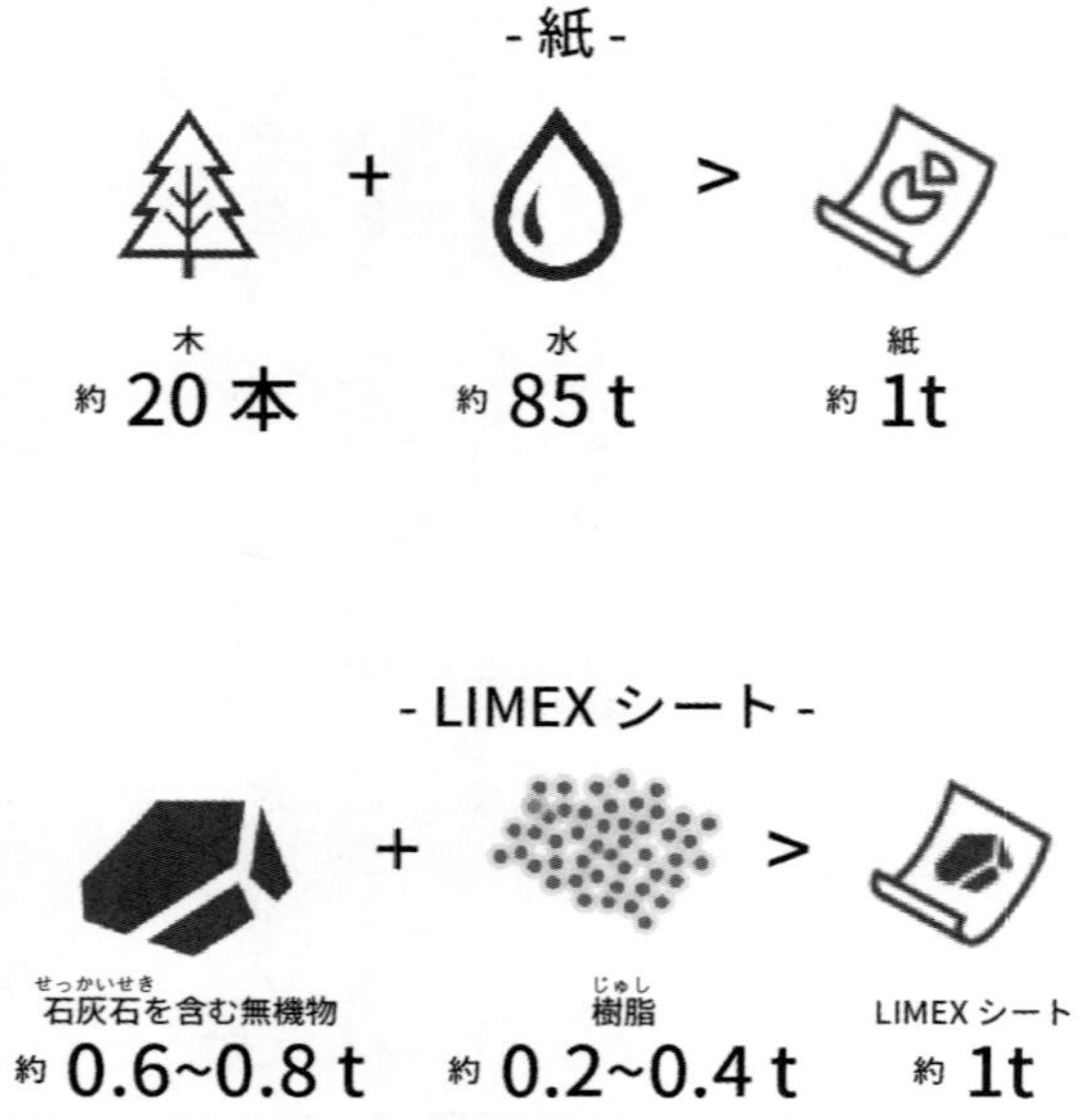

（株式会社　新東通信ホームページより）

こたえ

1 石灰石（石でも可）

2 百

3 ① 水 ② 森林

4 さばく

要点を読み取る

自然界のリサイクル

大仏《だいぶつ》で有名な奈良公園には、鹿が千三百頭いる。そのふんは、一日に一トンほどあるという。このふんのかたづけに一役買っているのが、フン虫。

フン虫は、ふんのにおいをかぎつけて、どこからともなく飛んできて、ふんを食べ始める。

またフン虫は、巣あなにふんを運び、その中にたまごを産み付けて育てる。

フン虫のふんは、今度は草が育つための栄養になる。育った草は、鹿の食料になる。

奈良公園では、㋐自然界のリサイクルが成り立っているのだ。

1 鹿のふんをかたづける虫は何ですか。（10点）

〔　　〕

2 1は、何でふんを見つけますか。（10点）

〔　　〕

3 1は、たまごをどこに産みますか。（10点）

〔　　〕

4 ㋐は、どのように成り立っていますか。（10点）

① 鹿がふんをする。

② 1が①を食べ、ふんをする。

③ ②が栄養になり〔　　〕が育つ。

④ ③を〔　　〕が食べる。①へ。

〈奈良公園の「自然界のリサイクル」〉

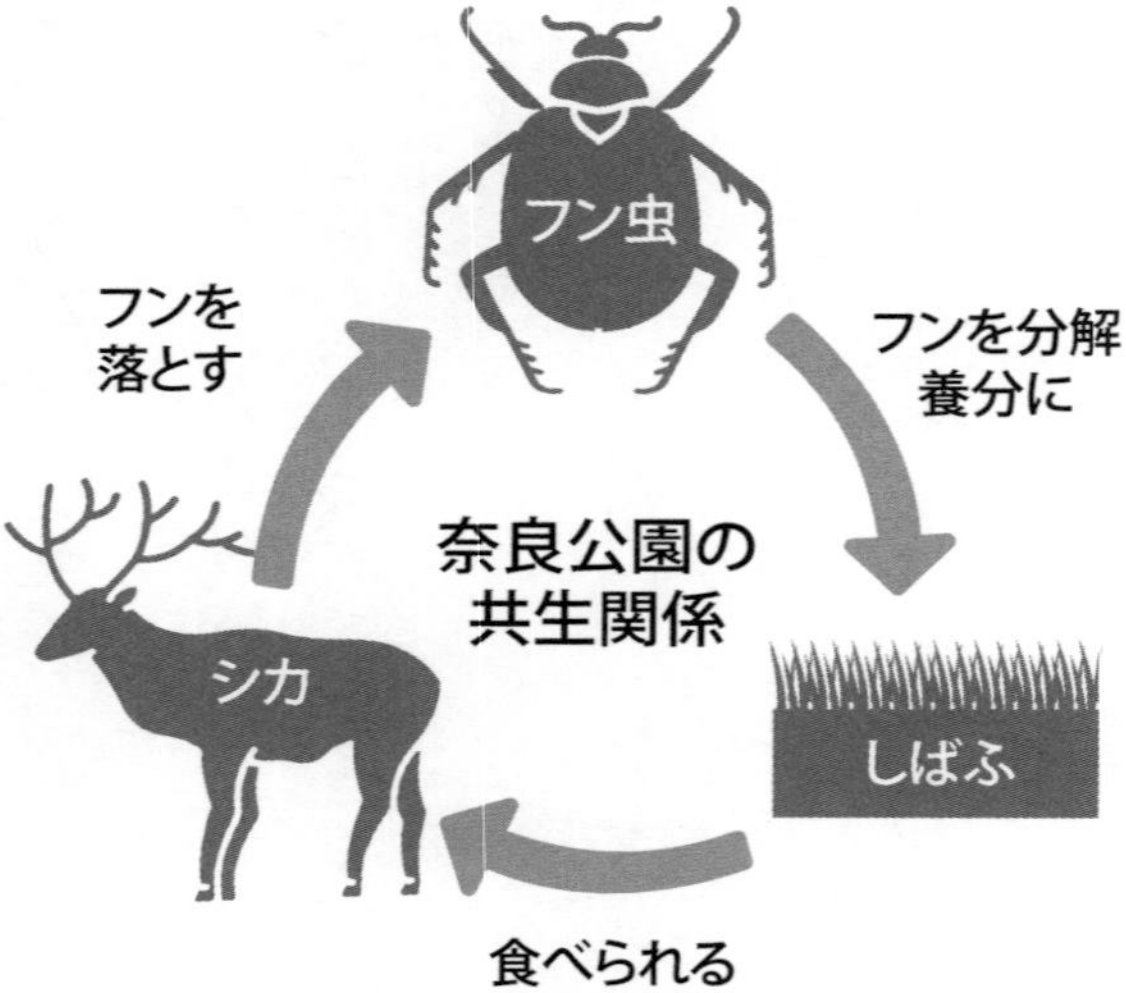

［しばふのしばかりを業者にたのむと、
年間100億円もかかるそうだ。］

こたえ

1 フン虫

2 におい

3 （鹿の）ふん

4 ③草 ④鹿

森林資げんの手入れ

なえ木を植えても、植えっぱなしで手入れをしない森林はあれていく。あれた山の森林では、木がみっ集して生えていて光が差さない。光が差さないので下草が生えない。だから、雨がふるたびに土じょうが流され、大きなひ害をもたらす。

このような悪じゅんかんを改ぜんする取り組みが求められる。森林を手入れして、切り出した木材を利用して、グッズを作って売ったり、バスの待合室とベンチを作って住民に使ってもらったりして、㋐森づくり活動が「見える化」されようとしてきている。

---

1 手入れがされない森林は、どうなっていきますか。次の文を正しい順に番号を書きましょう。（15点）

①（　）雨がふるたびに土が流される。

②（　）光が差さないので、下草が生えない

③（　）木がみっ集して生えていて光が差さない

2 切り出した木材の有効《ゆうこう》利用されているものを書きましょう。（15点）

①　□作り。

②　バスの□と□

3 ㋐はどうされようとしていますか。（10点）

□

木が混《こ》み過《す》ぎて
光が十分に入らない。
→木の成長が少ない

⇓ ほどよく間があくように木を切る

木と木の間にスキ間が
できて光がたっぷり入る。
→木の成長が大きい

こたえ

1 ①3 ②2 ③1

2 ①グッズ
②待合室　ベンチ
（順番は自由）

3 見える化

「江戸っ子1号」深海8000メートルの世界へ

㋐東京の町工場は、大阪《おおさか》の町工場が人工衛星《えいせい》「まいど一号」の開発に関わったのにしげきを受け、「大阪がうちゅうなら東京は深海で」と無人深海たん査機《さき》の開発に取り組んだ。

そして、四年がかりで完成し、「江戸《えど》っ子《こ》一号」と名づけられた。

深海八〇〇〇メートルの世界にちょう戦し、水深七八〇〇メートルでのようすがさつえいされ、深海魚やヨコエビが泳ぐすがたが確《かく》にんされた。

しょう来、深海にねむっている資《し》げんや、未知の生物の調査を進めることを目指している。

---

1 ㋐は、何の開発に取り組みましたか。（10点）

〔　　　　〕

2 東京と大阪の町工場が開発してできたものの名前を書きましょう。（20点）

① 大阪…

② 東京…

3 2の②は、何の調査を目指していますか。（10点）

深海の〔　　　　〕

未知の〔　　　　〕

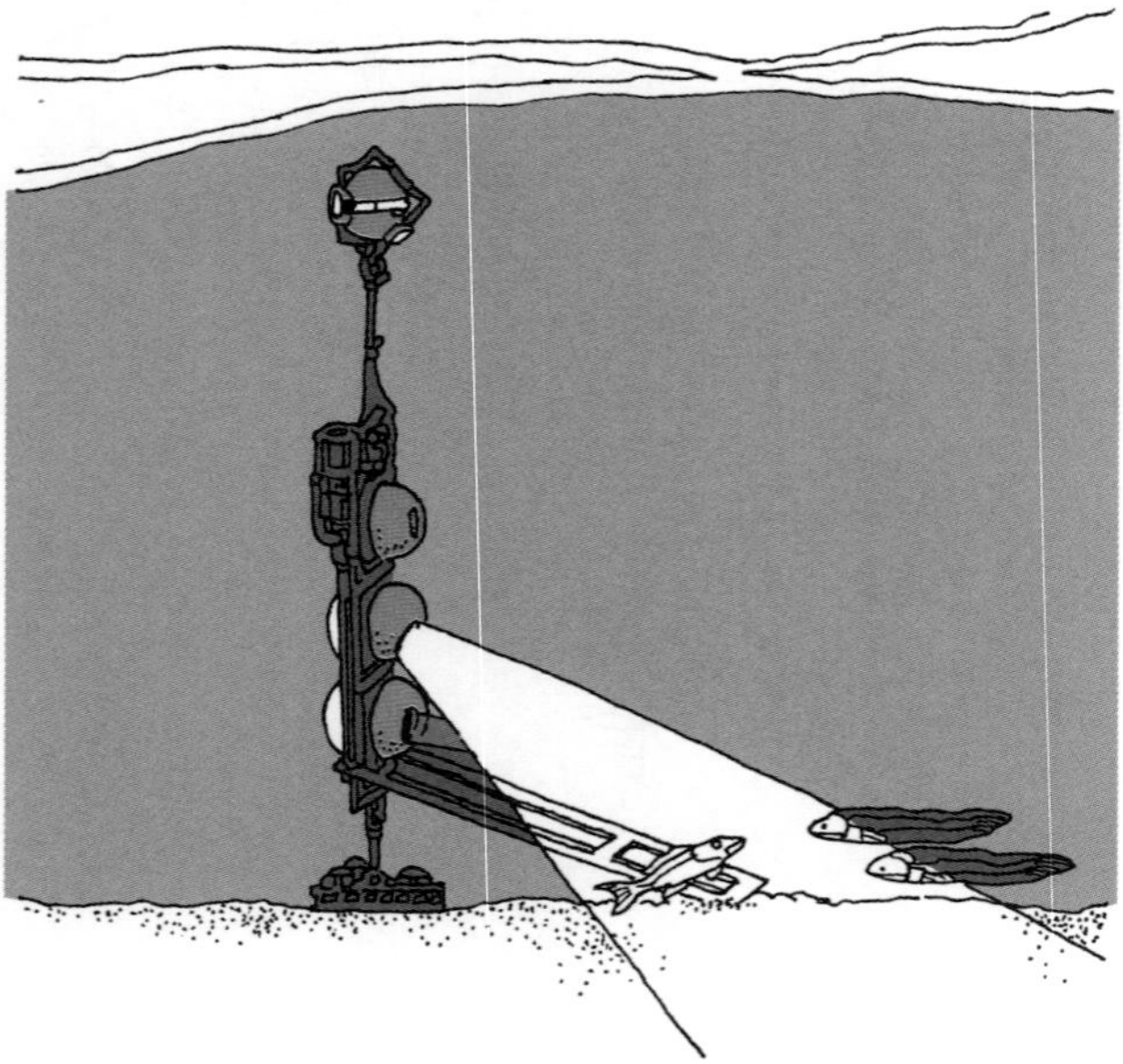

〈江戸《えど》っ子《こ》１号〉

こたえ

1 無人深海たん査機

2 ① まいど一号
② 江戸っ子一号

3 資げん　生物

震災（しんさい）の町を守る木

月　日

点/40点

阪神淡路大震災《はんしんあわじだいしんさい》後の神戸《こうべ》の町は、戦争直後の焼け野原のようであった。鳥居《とりい》がかたむき、社《やしろ》がこわれていても、神社の森はそのまま残っていた。㋐そこは、ひなん場所になっていた。

また、神戸に多いアラカシのなみ木によって、火事の火が食い止められ、燃《も》えない建物もあった。

六甲《ろっこう》の急しゃ面では、アラカシやヤブツバキなどの木が深く根を張《は》って土しゃくずれを防《ふせ》いでいた。このように、町の木は震災などから、人びとの命を、守っているのだ。

---

1 大震災後の神戸の町は、どんなようすでしたか。（10点）

［　　　　］

2 ㋐の指す内容を書きましょう。（10点）

□□□□

3 町の木は、どんなふうに町や、人びとを守っていますか。（10点）

① □□から建物を守る。

② □□□□□□を防ぐ。

4 この文章をまとめる最初の五文字を書きましょう。（10点）

□□□□□

〈アラカシのなみ木道〉

こたえ

1 戦争直後の焼け野原のよう

2 神社の森

3 ① 火事
② 土しゃくずれ

4 このように

今も生きる鉄腕アトム

手塚治虫《てづかおさむ》さんほど、日本のまん画界を変えた人はいないだろう。

今は、人間と会話ができるAI《エーアイ》（人工《じんこう》知能《ちのう》）ロボットが人気だ。だが、すでに一九五二年に、今と同じようなロボット「鉄腕《てつわん》アトム」が生まれている。

この鉄腕アトム、人間の子どももそっくりのすがただけでなく、お茶の水博士《はかせ》たちとのあたたかい関係で、心も育まれていく。

AIロボットのアトムは、自分の判断《はんだん》で行動する。だから、何か事件《じけん》が起きれば、すぐに飛んで行って、解決《かいけつ》する。

今後、ロボットと人間が共生していくために、ロボットの果たすべき役わりを考えていく必要があるだろう。

---

1 一九五二年、手塚治虫さんによって作られた、まん画は何ですか。（10点）

〔　　　　　〕

2 1に出てくる人間の子どもそっくりのロボットの特長を書きましょう。（20点）

・〔　　　　　〕を持っている。

・自分の〔　　　　　〕で行動する。

3 ロボットと人間が共生していくために、何が必要ですか。（10点）

ロボットの果たすべき〔　　　　　〕を考えること。

〈慣用句②〉

次の絵に合う慣用句《かんようく》を［　］から選んで（　）に記号を書きましょう。

①

（　　）

②

（　　）

③

（　　）

④

（　　）

㋐ すずしい顔
㋑ 耳をすます
㋒ 息をころす
㋓ 目をぬすむ

（答え）
①—㋑　②—㋒
③—㋓　④—㋐

こたえ

1 鉄腕（わん）アトム
2 ① 心　② 判断
3 役わり

38 アンパンマンはどうして生まれたか

月　日

点/40点

自分の顔であるあんパンを、おなかをすかせた人に食べさせるアンパンマン。

この㋐作者、やなせたかしさんは、この作品にかれの今までの人生をこめている。

やなせさんの子ども時代は、親がいなくて一人ぼっちであった。そして、戦争中は、うえに苦しみながら中国大陸を○○○キロも歩き回った。

だから、かれは、自分をぎせいにしても、目の前にいるうえた人にひとかけらのパンを差し出すことが、正義《せいぎ》だと考えたのだ。

アンパンマンのマーチにもあるように、アンパンマンは㋑人びとにとってまるで太陽のようだ。

---

1 アンパンマンの作者は、だれですか。（10点）

【　　　　】

2 ㋐の、大きなできごとは何でしたか。（10点）

① （子ども時代）［　　　　　］

② （戦争時代）［　　］に苦しむ

3 かれの考える正義とは何ですか。（10点）

自分を［　　　］にしても、目の前の［　　　］人に［　　］を差し出すこと。

4 アンパンマンは、㋑にとって何といわれていますか。（10点）

【　　　　】のようだ

絵に合う言葉を□から選び（　）に読み方をかきましょう。

①（　　）□□□□

②（　　）□□□□

③（　　）□□□□

自給自足　完全無欠　油断大敵

こたえ

1 やなせたかし（さん）

2 ①一人ぼっち　②うえ

3 ぎせい　うえた　パン

4 太陽

（こたえ）

①―かんぜんむけつ　完全無欠

②―じきゅうじそく　自給自足

③―ゆだんたいてき　油断大敵

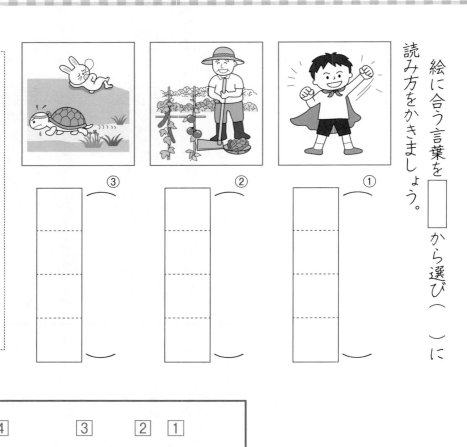

マララさんがうったえるもの

二〇一四年、十七才で「ノーベル平和賞《しょう》」をもらったマララさんは、「なぜ、戦車をつくることはかん単で、学校を建てることはむずかしいのか。」と、スピーチした。

マララさんは、十一才のとき「男子だけでなく、女子も教育を受けるべき」と、声を上げたことで、武《ぶ》そう勢《せい》力《りょく》からねらわれ頭をうたれたが、きせき的に助かった。

二〇一三年、回復《かいふく》したマララさんが、七月十二日のたん生日に国連本部で、「じゅうを向けられたとき、えん筆と本の重要さに気づかされました。」とスピーチし、男子だけでなく女子も教育を受けることで世界が変わるとうったえた。そのことで、この日が「マララ・デー」に決められた。

---

1 マララさんのそれぞれのスピーチについて答えましょう。（30点）

① ノーベル平和賞のとき。

㋐ かん単なこと

〔　　　　〕をつくること。

㋑ むずかしいこと

〔　　　　〕を建てること。

② 国連（マララさんのたん生日）

本と〔　　　　〕の重要さ

2 国連は、なぜ「マララ・デー」を決めたのですか。（10点）

〔　　　　〕教育の重要さを世界にうったえるため。

ノーベル平和賞

平和のそく進などにこうけんした個人《こじん》や団体《だんたい》におくられる賞《しょう》です。

近年では、人権《じんけん》を守る活動や、民主化へのこうけんも授賞《じゅしょう》理由になっています。

マララ・ユスフザイさんは、二〇一四年に十七さいで受賞しました。これは、ノーベル賞受賞で、最年少での受賞でした。

こたえ

1 ① ㋐ 戦車 ㋑ 学校

② えん筆

2 女子

40 主張を読み取る

いのちを守る「森の防ちょうてい」

月　日

点/40点

二〇一一年に起こった、東日本大震災《だいしんさい》。そのときのつ波におそわれた海岸線に、「いのちを守る森の防《ぼう》ちょうてい」をつくる取り組みが行われている。

その防ちょうていとは、どんなものか。「震災で生じたがれきのほとんどは、家屋や建物などに使われた木やコンクリート。だから、それらを森を育てる土台に使おうとするもの。」

がれきの木は十年で土に返り、木の養分になる。また、うめられたコンクリートに木の根がまき付けば、木の支《ささ》えになる。

こうして、がれきというゴミは、有効《ゆうこう》な資《し》げんとして役立てられる。

---

1 二〇一一年のつ波でおそわれた海岸線に何をつくる取り組みが始まりましたか。（10点）

「いのちを守る［　　　］

2 1の土台は、何が使われましたか。（10点）

家屋や建物などに使われた

［　　　］や［　　　］

3 この取り組みで、何が言いたいのですか。（20点）

がれきという［㋐　　　］を有効な［㋑　　　］として役立てること。

がれきと土の間に空気のそうが生まれ、より根が地中に入り、根ががれきをだくことにより、木々がより安定する。有機性《ゆうきせい》はいき物は、年月をかけて土にかえる。
(有機性はいき物は、動物や植物がもとの不要な物)

(一般社団法人　森の防潮堤協会ホームページより)

こたえ

1 森の防ちょうてい

2 木
コンクリート
(順番は自由)

3 ㋐ ゴミ
㋑ 資げん

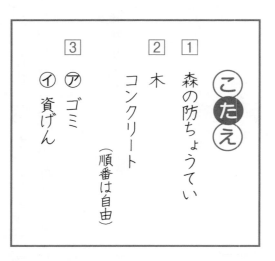

マンデラさんの にじの考え方

二〇一三年に、九十五さいでなくなったマンデラさん。かれは、南アフリカの「白人と黒人が、いっしょに生活してはいけない」というやり方に反対して、二十七年間もとらえられていた。

しかし、一九九四年に大統領《だいとうりょう》になっても、自分を苦しめた白人に対して報復《ほうふく》はしなかった。かれは、白人による黒人支《し》配《はい》にも黒人による白人支配にも反対したのだ。

なぜなら、さまざまなはだの色の人びとがにじのように調和して生きる共同体をつくることが、かれの考えだからだ。

かれは、神が世界につかわした人といわれ、一九九三年にはノーベル平和賞《へいわしょう》をもらっている。

1 マンデラさんは、何に反対していましたか。（10点）

［　　　］と［　　　］が、いっしょに生活してはいけないこと。

2 かれは、どんな考えをしていますか。（20点）

さまざまな［　　］の色の人が［　　］のように［　　］して生きる［　　　］をつくる。

3 かれは、何といわれていましたか。（10点）

［　　　　］

ネルソン・マンデラ
(1918〜2013)

南アフリカで生まれる

44さい〜71さいの間、けい務所《むしょ》で過《す》ごす

76さいで南アフリカ大統領《だいとうりょう》になる

マンデラさんの名言

・達成するまで、それは不可能《ふかのう》に見える。

・生きるうえで最もい大な栄光は、決して転ばないことにあるのではない。転ぶたびに起き上がり続けることにある。

・外見は大切、笑顔をわすれぬよう。

こたえ

1 白人　黒人（順番は自由）

2 はだ　にじ　調和
共同体

3 神が世界につかわした人

日本で最も美しい あふれでるダム

月　日

点/40点

九州の大分県に白水《はくすい》ダムがある。㋐この土地では高台のため、水不足で争いが絶《た》えなかった。だから、農業用水のためにダムを造《つく》る必要があった。

しかし、この地は地ばんが弱いので、水が勢《いきお》いよく落ちないようにしなければならない。

そこで、水が流れ落ちるしゃ面を、目のあらい切り石で積み上げた。すると、あふれでる水があわ状《じょう》になり、まるでビーズのカーテンのような美しさだ。

また、このダムの下流にある発電所は、電気を作って売っている。かん境《きょう》を破《は》かいしない小規模《しょうきぼ》水力発電としても注目を集めている。

1　㋐は、どんなところですか。（10点）
水不足で［　　］が絶えない。

2　㋐に、何ができましたか。（10点）
［　　］

3　2は、どんな工夫が必要でしたか。（10点）
水が［　　］ようにする工夫。

4　3は、どのような美しさですか。（10点）
まるで［　　　］の［　　　　］のような美しさ。

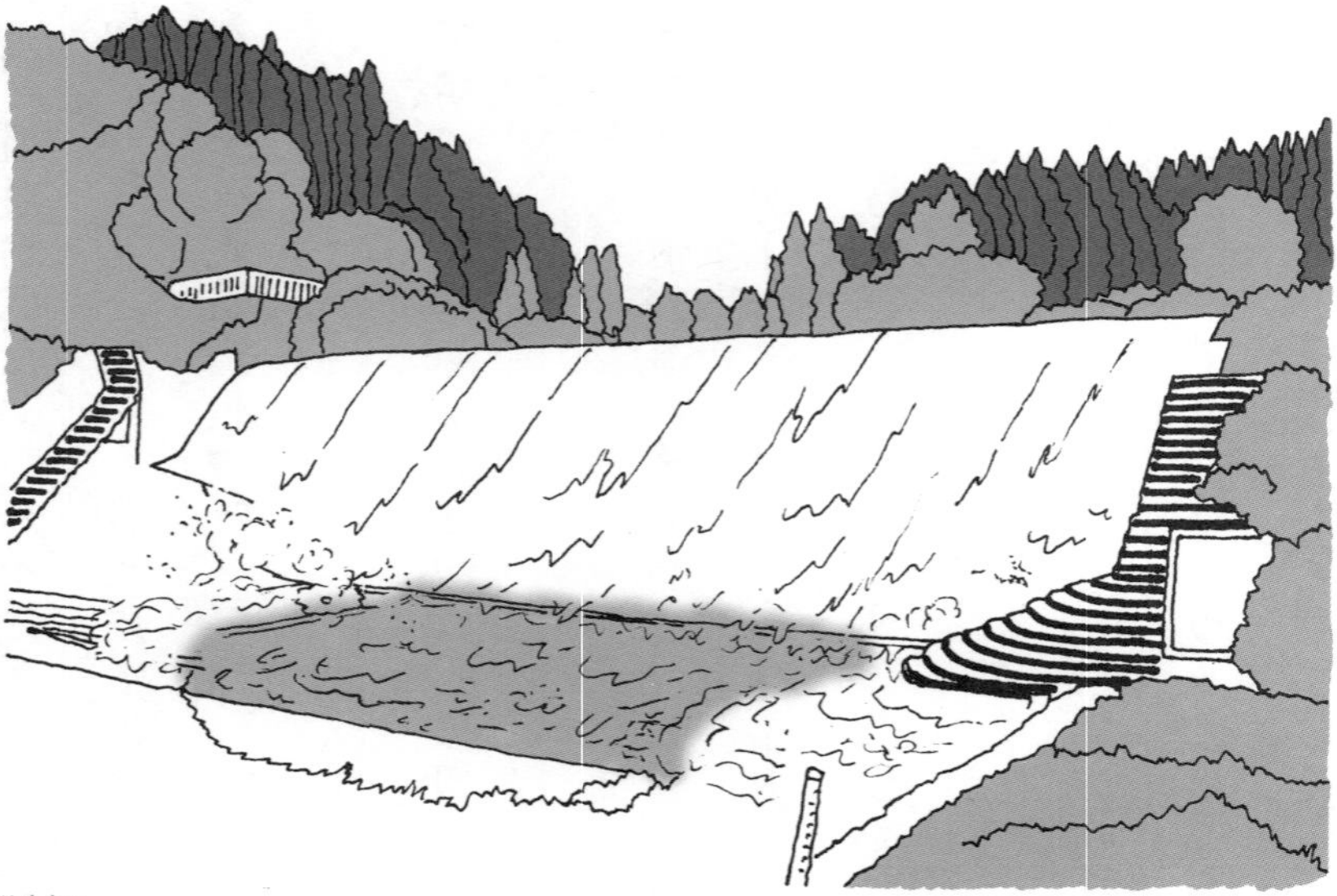

白水《はくすい》ダム
正式には「白水ため池えんてい」と言います。
水がこぼれ落ちる様子が、日本で最も美しいダムと言われるのです。

こたえ

1 争い
2 白水ダム
3 勢いよく落ちない
4 ビーズカーテン

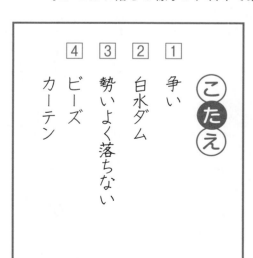

カニカニ合戦

一一月になるとズワイガニの漁が始まる。そのカニは、各地で名前をつけて売られている。

有名なところでは、福井県の「越前《えちぜん》ガニ」、兵庫県や鳥取県の「松葉《まつば》ガニ」だ。しかし、最近では、兵庫の中でも「津《つ》居山《いやま》カニ」や、京都府の「間人《たいざ》ガニ」、石川県の「加能《かのう》ガニ」がある。

特に、鳥取県ではこうらのはばが一一センチ以上で、すがた形がよく、身がつまったカニを「とっとり松葉がに」とよんでいる。

なぜこうも地名を出して売っているかというと、漁業者はカニを、いかに売り出すかと必死だからである。

---

1 ㋐は、どんなカニですか。（10点）

〔　　　〕

2 次の各地で売られているカニの名前を書きましょう。（20点）

① 福井県〔　　　〕

② 兵庫・鳥取県〔　　　〕

③ 石川県〔　　　〕

④ 京都府〔　　　〕

3 なぜ、地名を出してカニを売っているのですか。（10点）

〔　　　〕

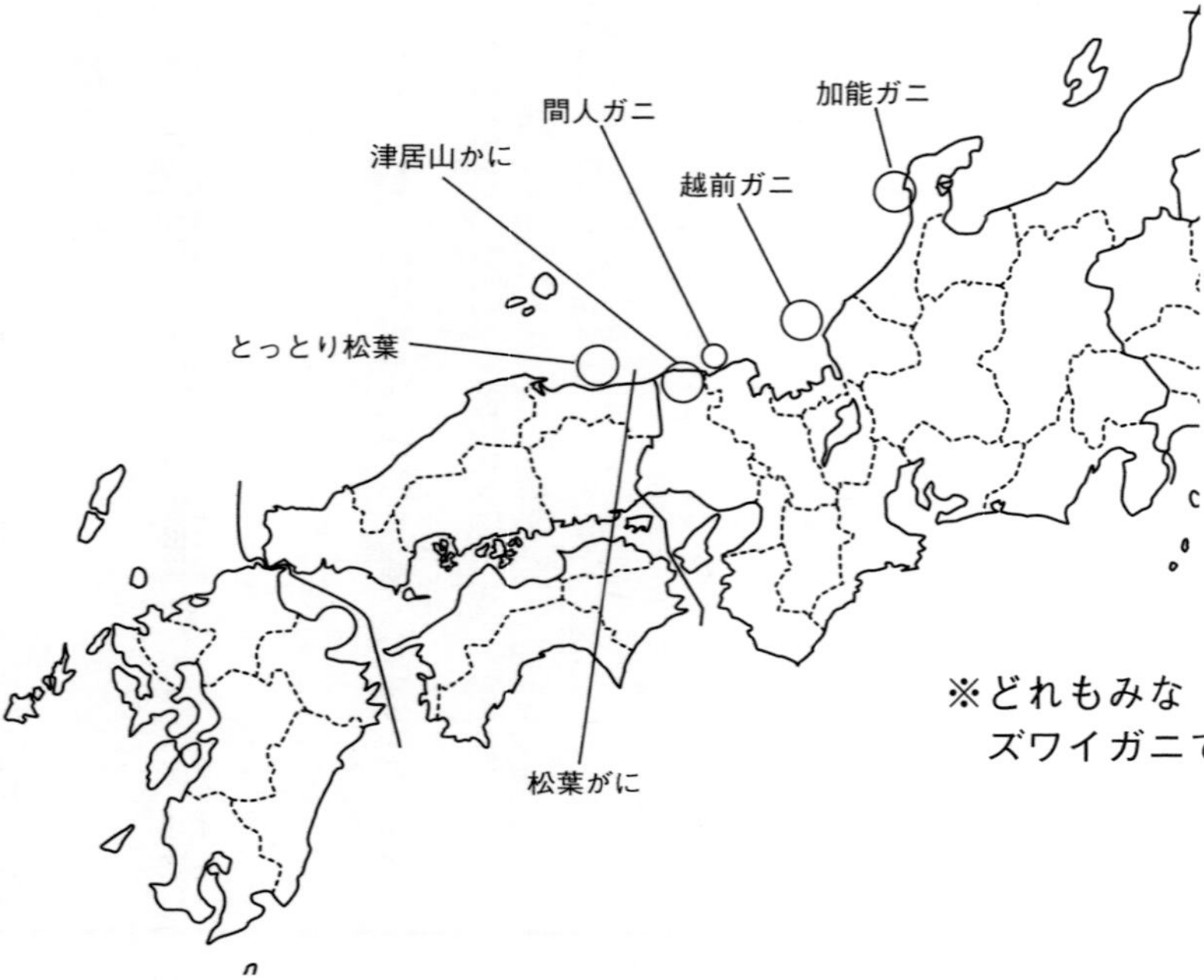

※どれもみな
ズワイガニです。

こたえ

1 ズワイガニ

2
① 越前（えちぜん）ガニ
② 松葉ガニ
③ 加能ガニ
④ 間人（たいざ）ガニ

3 カニを、いかに売り出すか必死だから

日食のいろいろ

月　日　点/40点

太陽はかなり大きな星で、月の約四〇〇倍もある。しかし、地球と太陽のきょりは地球と月の四〇〇倍あるので、㋐太陽と月がほぼ同じ大きさに見える。

（Ⓐ）、小さな月が太陽を完全にかくす、かいき日食が起こる。

（Ⓑ）、月と地球のきょりは、いつも同じとは限《かぎ》らない。

月が地球に遠いところにあるときは、月の見た目が小さくなるので、月は太陽を全部かくすことができず、太陽がリング状《じょう》にはみ出す金かん日食になる。

そして、月が、太陽の一部をかくす、部分日食が一番多く見られる。

1　Ⓐ・Ⓑに入る接続語《せつぞくご》を［　］から選んで書きましょう。（10点）

［だから　しかし］

Ⓐ［　　　］　Ⓑ［　　　］

2　どうして㋐のように見えるのですか。（10点）

地球と太陽のきょりは、地球と月の［　　　］倍もあるので、月の四〇〇倍の大きさの［　　　］と月は同じ大きさに見える。

3　月が太陽を完全にかくす日食を何と言いますか。（20点）

［　　　］日食

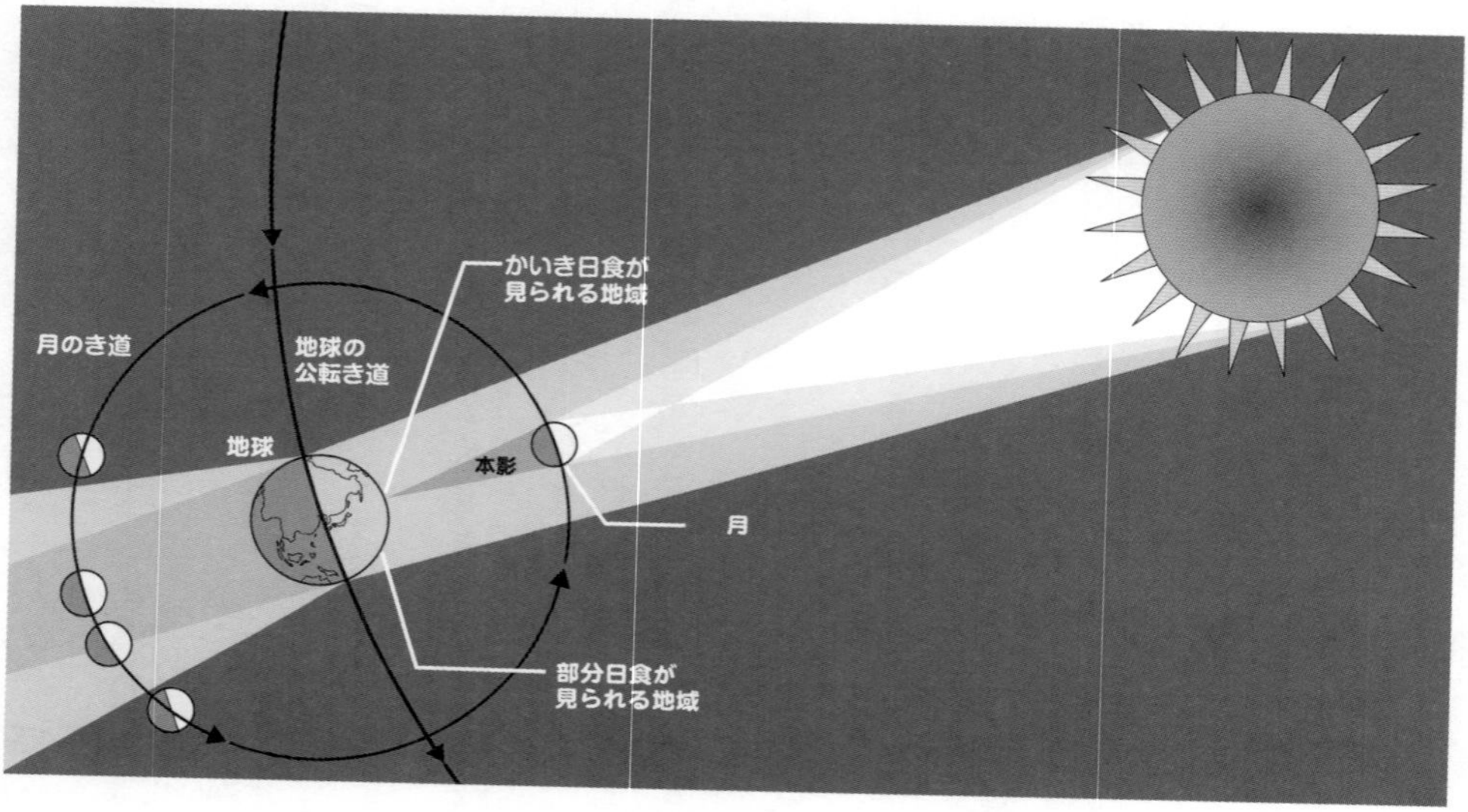

こたえ

1 Ⓐ だから
Ⓑ しかし

2 四〇〇　太陽

3 かいき

かおりで助け合うトマト

月　日

点/40点

トマトは、害虫に葉を食べられると、そこから、かおりを出す。すると、そのまわりにある⑦他のトマトは、そのかおり成分を取りこんで、自分の体のなかで、毒《どく》を作り出すことを、ある大学の研究チームがつきとめた。

実験では、この毒でよう虫に反げきしていることがわかった。

⑦このかおり成分は、草かりをしたときのにおいと同じで、イネやナス、キュウリなどでも同じ仕組みがあるとみられている。これから、⑦この植物の力を生かした新タイプの農薬につながる可能性《かのうせい》がある。

1 害虫に葉を食べられたトマトは、何を出しますか。（5点）

〔　　〕

2 ⑦は、1から何を作り出しますか。（5点）

〔　　〕

3 ⑦は、どんなにおいですか。（10点）

〔　　〕

4 トマトと同じような仕組みをもっている植物は何ですか。（10点）

〔　　〕〔　　〕など

5 ⑦から何ができそうですか。その部分に線を引きましょう。（10点）

トマトが毒《どく》を作り出す仕組み

こたえ

1 かおり

2 毒

3 草かりのときのにおい

4 イネ　ナス　キュウリ
（どれか二つ）

5 新タイプの農薬

伝統ある「車田（くるまだ）」

月　日

点/40点

イネを車輪のように円形に植えていく方法を、車田《くるまだ》という。㋐この植え方が残っているのは今では、新潟県《にいがたけん》佐渡《さど》市と岐阜《ぎふ》県高山《けんたかやま》市だけになっている。

佐渡市では、中心からうずまき状《じょう》に植える。しかし、高山では、七本の線を中心からのばし、一本の線ごとに一かぶ三本のなえを五かぶずつ植えてから、その周りに同心円状に植えていく。だから、七本のラインが車輪のように見える。

このように植えているので、かり取るときは逆《ぎゃく》に、外側から円をえがくようにかっていく。㋑この植え方は特別なので、神せいな水田とあがめられている。

1 ㋐は、何とよばれていますか。（10点）

2 1は今どこに残っていて、どんな植え方ですか。表を完成させましょう。（20点）

	場所	植え方
①	（　　　）（新潟県）	中心から（　　　）に植える
②	（　　　）（岐阜県）	七本の線を中心からのばす。一本の線ごとに五かぶずつ植えてから（　　　）に植える

3 ㋑は、どのようにあがめられていますか。（10点）

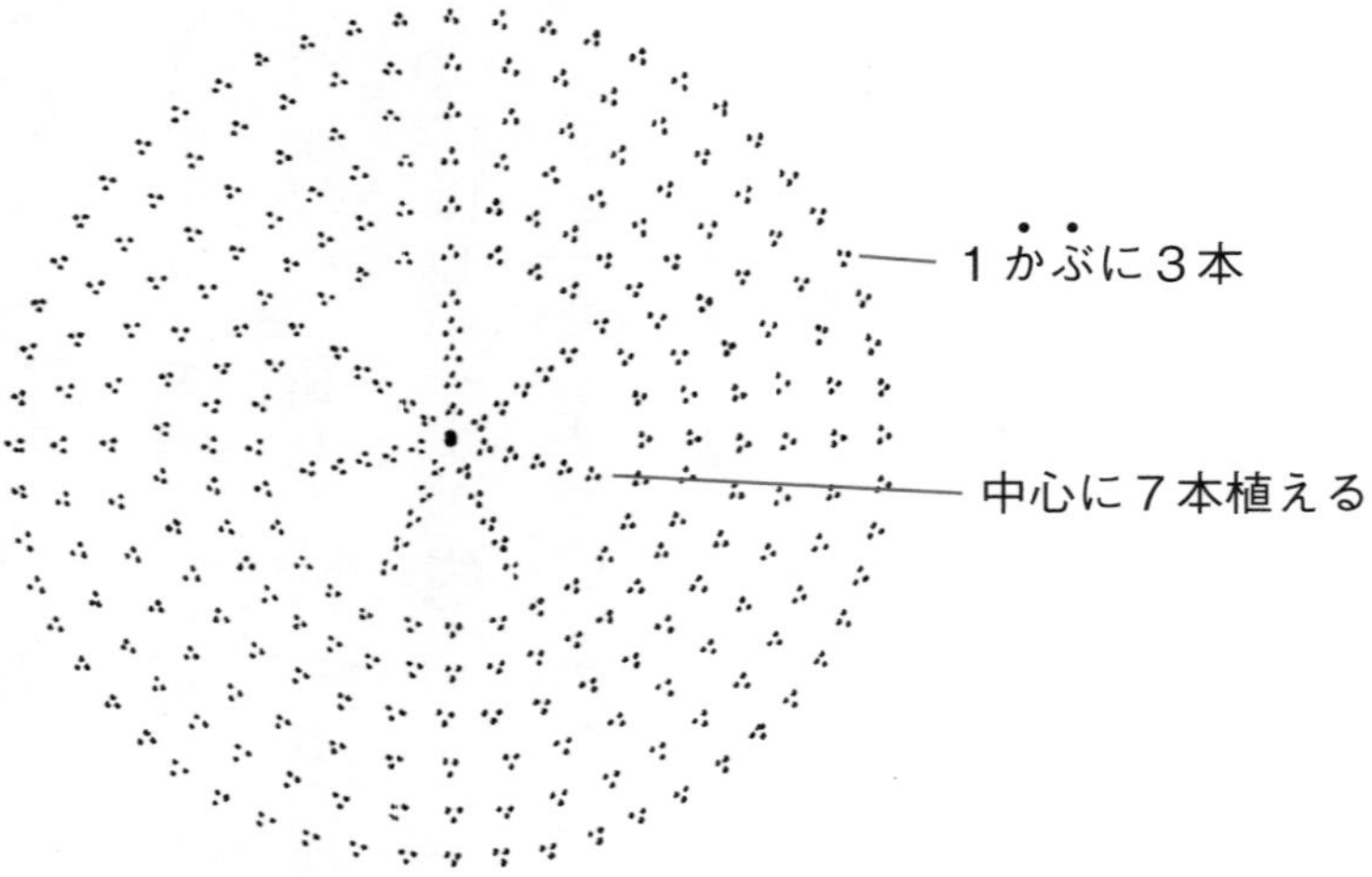

岐阜県高山市での、車田の植え方

こたえ

1 車田

2

①	②
佐渡《さど》市	高山市
うずまき状	同心円状

3 神せいな水田

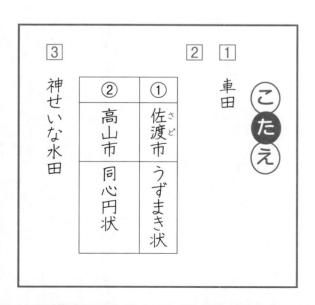

47 総合問題
近代製鉄は釜石市(かまいしし)から

月　日

点/40点

今まで、一九〇一年そう業の北九州市の八幡《やはた》製鉄所《せいてつじょ》が、㋐日本の近代製鉄の始まりと言われていた。

しかし、その五〇年ほど前に良質《りょうしつ》の鉄こう石の産地だった岩手県釜石《かまいし》市で、鉄を取り出すことに成功し、それをお金や鉄びんなどに利用していた。そして、明《めい》治《じ》になると、政府《せいふ》は、そこに官営《かんえい》製鉄所を建設《けんせつ》した。しかし、木炭が不足するなどずさんな計画で、わずか三年で終わってしまった。

それから一三年後に、八幡製鉄所が建設されたのである。そこでは鉄を取り出すだけでなく、こう鉄まで作られ、旧《きゅう》東京駅や国会議事堂《こっかいぎじどう》の建造《けんぞう》に使われた。

1 ㋐は、どこが始まりと言われていましたか。(10点)

北九州市の［　　　　］

2 日本で最初に鉄を取り出すことに成功した県は、どこですか。(10点)

［　　　　］県

3 2で、鉄を何に利用していましたか。(10点)

［　　　　］

4 2で、製鉄所が三年で終わってしまったのは、なぜですか。(10点)

［　　　　］

製鉄所のあった所

こたえ

1 八幡（やはた）製鉄所

2 岩手

3 お金、鉄びん（順番は自由）

4 木炭が不足するなどずさんな計画のため。

カドミウム汚染(おせん)農地が復元

一九六八年に国内の公害病第一号ににん定されたイタイイタイ病。

イタイイタイ病は、富山県神通川《とやまけんじんずうがわ》上流にある鉱山《こうざん》からのはい水にふくまれるカドミウムが原因《げんいん》で発生した。カドミウムによってほねが弱くなり、かんたんに折れるのだ。あまりのいたさに「イタイイタイ」とさけぶことから、この病名がつけられた。この河川《かせん》の水を農業用に使っていた水田は、㋐これによごされた。

そこで、このよごされた土地(八六三ヘクタール)を上流から、順に新しい土に入れかえる事業を始めた。この工事が終わるのに三三年もかかったのだ。

---

1 一九六八年に国内初の公害病ににん定された病気は、何ですか。(10点)

【　　　　】

2 1の原因は何でしたか。(10点)

【　　　　】

3 2によって体はどうなりますか。(10点)

【　　　　】が弱くなり、かんたんに【　　　　】。

4 ㋐の土地をどうしましたか。(10点)

[　　] 年かけて、よごされた土地を [　　　　] に入れかえた。

イタイイタイ病

鉱山《こうざん》からしみ出たカドミウムが、神通川下流の水田をおせんし、そこの米を食べた人たちから発しょうしました。

ほねがもろくなります。重しょうになるとかん単なしげき、例えばせきをしただけでろっこつが折れたりしました。

そのげきつうのためイタイイタイ病という病名になりました。

水俣 病《みなまたびょう》

工場の水銀が工場はい水として流され、魚たちから人へうつっていきました。手足の自由がきかなくなるなど、体に悪いしょう状《じょう》が出て、ひどい場合は死にいたることもあります。

熊本県水俣市と、新潟県で発生しました。

四日市《よっかいち》ぜん息

三重県四日市市の石油コンビナートのはいえんのために起きたぜん息のことです。

こたえ

1 イタイイタイ病

2 カドミウム

3 ほね　折れる

4 三三
新しい土

注文の多い料理店①

二人のわかいしんしが、すっかりイギリスの兵隊の形をして、ぴかぴかする鉄ぽうをかついで、白くまのような犬を二ひき連れて、だいぶ山おくの、木の葉のかさかさしたとこを、こんなことを言いながら、歩いておりました。

「ぜんたい、ここらの山はけしからんね。鳥もけものも一ぴきもいやがらん。なんでもかまわないから、早くタンタアーンと、やってみたいもんだなあ。」

「鹿の黄色な横っぱらなんぞに、二、三発お見まい申したら、ずいぶんつう快《かい》だろうねえ。くるくるまわって、それから、どたっとたおれるだろうねえ。」

宮沢賢治

1 二人のしんしは、どんな形をしていて、何をかついでいましたか。(20点)

① 形
イギリスの〔　　　　〕

② 何
ぴかぴかする〔　　　　〕

2 二人の会話から、あてはまるものに○をつけましょう。(20点)

①（　）鳥やけものを殺《ころ》すのは、かわいそう。

②（　）鹿などけものが苦しんで死ぬことを何とも思わない。

③（　）鉄ぽうを使うのが、もったいなくなってきた。

〈このあとのお話〉

二人のわかいしんしは、山おくでまよってしまいます。

そこに「山猫軒《やまねこけん》」というレストランを見つけます。そのドアには「どなたもお入りください」という文字があり、二人は喜《よろこ》んで中に入ります。次のドアには「太った方やわかい方は大かんげい」とあり、ますます喜びます。しかし、「当店は注文の多い料理店です」とあります。かみを整えくださいだったり、くつのどろを落としてくださいだったり、鉄ぽうを置いてくださいだったり、注文が増《ふ》えていきます。そして、服をぬぎ、クリームをぬり、としていくうちに、やっと二人は自分たちが料理されていることに気づき、ふるえ上がります。

そのとき、二つの大きな目が二人を見ていて、今にも食べられそうになると…（つづく）

こたえ

1 ① 兵隊
② 鉄ぽう

2 ②

注文の多い料理店②

月　日　　点/40点

風がどうとふいてきて、草はザワザワ、木の葉は（㋐）、木は（㋑）と鳴りました。《りゃく》

犬がうなってもどってきて、後ろからは、

「だんなあ、だんなあ。」

とさけぶ者があります。

二人はにわかに元気がついて、

「おおい、ここだぞ、早く来い。」

とさけびました。

みのぼうしをかぶったせん門のりょう師《し》が、草を（㋒）分けてやってきました。そこでⒶ二人はやっと安心しました。

《りゃく》

しかし、さっき一ぺん紙くずのようになった二人の顔だけは、東京に帰っても、お湯に入っても、もう元のとおりになおりませんでした。

宮沢賢治

---

1 文中の㋐～㋒にあてはまる言葉を、［　］から選んで書きましょう。（15点）

㋐［　　　］

㋑［　　　］

㋒［　　　］

［ザワザワ　カサカサ　ゴトンゴトン］

2 どうして、二人はⒶになったのですか。（10点）

犬だけでなく［　　　］も、もどってきてくれたから。

3 東京に帰っても、二人の顔は何のようになったままですか。（15点）

［　　　］

〈ことわざ〉

次の（　）に合う動物を、絵から選んで、ことわざを完成させましょう。

①（　　　）の耳に念仏《ねんぶつ》

②（　　　）も木から落ちる

③（　　　）ににらまれたかえる

④（　　　）の一声

⑤（　　　）も歩けばぼうにあたる

（答え）

①―馬　②―さる

③―へび　④―つる

⑤―犬

こたえ

1 ㋐ カサカサ

㋑ ゴトンゴトン

㋒ ザワザワ

2 りょう師

3 紙くず